知的生きかた文庫

# 頭の回転が速くなるすごい！法

佐々木豊文



三笠書房

# はじめに——あなたの能力を驚くほど引き出す本

「頭の回転が速い人」になることは、多くの人にとって「あこがれ」であり、また「目標」でもあると思います。

営業の仕事でも、企画・開発の仕事でも、経理の仕事であっても、「できる人」「結果を出す人」というのは、例外なく「頭の回転が速い人」です。

彼らには共通点があります。

それは、大量の知識を「効率的にインプット」することができ、その知識をあらゆる場面で「効果的にアウトプット」することができるということです。

ひと言でいってしまえば、「能力が高い」のです。

私は能力開発の教室を開設して、30年ほどになります。読書能力を開発する「速読脳開発プログラム」や、潜在能力を引き出す「シルバ・メソッド」を中心に、これまで1万人以上の方々を指導してきました。

「速読脳開発プログラム」は、1分間に10万字以上を読むことのできる読書能力を開発します。拾い読みや斜め読みではなく、またページを目に焼きつけるようなものでもなく、すべての文字を順に追っていって、内容もきちんと理解するのです。その読書能力を、私は「速読脳」と名づけました。

この方法論をまとめた『「1冊10分」で読める速読術』(三笠書房《知的生きかた文庫》)は、おかげさまで好評をいただき、ベストセラーとなりました。

「シルバ・メソッド」は、無意識な脳の働きを意識的にコントロールできるようにする潜在能力開発法です。人間が本来持っているのに使っていなかった能力を引き出すことで、様々な問題解決に活用できます。集中力や記憶力、学習能力が高まると同時に、健康面の改善にも大きな効果があります。

これらの能力開発法は、まさに「頭の回転を速くする」ことが基本にあります。

ただし、このことは断言できますが、能力開発をするためには、頭脳だけ鍛えても、十分な開発には至らないのです。たとえば、もともと持っている能力は高いにもかかわらず、すぐに緊張してしまうクセを持っていたり、精神的に不安定なため集中状態に入れなかったりすると、なかなか訓練が進みません。

つまり、頭脳だけでなく、精神面、身体面を含めた、全人間的開発を行なって初めて、能力開発は可能になるということです。そもそも心身一如ですから、心身から離れた能力開発などあるはずがないのです。

今回は、これまで私が実践してきたことや、実際に指導してきたことの中から、「頭の回転を速くする」ために特に有効な方法を、次の3つの柱にそって紹介していきます。

ひとつは、「脳をリラックスさせる」。

次に、「集中力を高める」。

そして、「記憶力をよくする」。

それぞれ、脳だけでなく、精神の面や身体の面からもアプローチしていきたいと思います。単なるノウハウ本とは一線を画す内容であると自負しています。

本書の「頭の回転が速くなる方法」を実践することで、心も身体も強く健やかになっていきます。仕事の成果が上がるのはもちろんのこと、日々の充実感が増したり、より健康的になったりするなど、あなたの人生の幸福につながっていくはずです。そもそも「能力開発」というのは、そういうものであらねばならないと、私は考えています。

そして、私はその考え方、方法によって、これまで驚異的な能力開発を遂げた人たちを多数指導してきました。つまり、この本の効果はすでに実証済みなのです。読者のみなさんのお役に立てることを願っています。

佐々木豊文

# 目次

# 1章 ここで分かれる！頭の回転が速い人、遅い人
## ——その秘密は、「脳のクセ」にあった！

# 2章

# あなたの仕事にスピード革命を起こす法

## ——「集中力」が劇的に上がる、この方法

# 3章

# 実感、記憶力がどんどん強くなる！

## ――頭がいい人、仕事ができる人の「覚える技術」

# 4章 睡眠、運動、食事……脳にいいこと、悪いこと

## ——今日から始めるべき習慣、やめるべき習慣

# 5章 人生がもっと有利になる「速読脳」のつくり方

## ――脳が生まれ変わる本の読み方、生かし方



本文DTP 株式会社Sun Fuerza

# 1章

# ここで分かれる！
# 頭の回転が速い人、遅い人

## ――その秘密は、「脳のクセ」にあった！

## 「頭の回転が速い人」の共通点

「頭の回転が速い人」とは、どんな人でしょうか。

たとえば、

- 仕事で起こる問題に対して臨機応変に対処できる人。
- 質問や疑問に対して素早く的確に答えられる人。
- 相手に合わせて豊富な話題を振れる話上手な人。
- 人一倍の仕事量をこなせる集中力のある人。
- 仕事の抜け・漏れが少ない記憶力の高い人。
- 複数の仕事を同時進行でさばける能力のある人。
- 次々にいいアイデアが出せる創造力のある人。

……などが挙げられると思います。

こうして見てみると、頭の回転が速い人は、いわゆる「仕事ができる人」であることは、間違いなさそうです。

こういう人たちには、ある共通点があります。

それは、どんな場面でも**「リラックス」**している、ということです。ここぞという大事な場面でも、緊張しすぎてガチガチになったり、頭が真っ白になって失敗したりすることがありません。

たとえば、大事な交渉の場やプレゼンテーションの場などでも、ほどよい緊張感は保ちつつも、落ち着きを失いません。だからこそ**「集中力」**を発揮することができ、自分が本来持っている実力を十分に出せるのです。

また、リラックスしていると、**「記憶力」**も高まります。ですから、仕事上での抜け、漏れが少なく、完成度の高い仕事ができるのです。

まとめると、

**リラックスしている。**

## 集中力がある。記憶力がいい。

という三拍子がそろった人こそ、まさに「頭の回転が速い人」です。

脳科学的にいうなら、左脳だけでなく右脳も使えて、左右の脳をバランスよく使える人です。このような人は、環境や刺激に対応して脳に新しい情報処理回路をつくることが容易で、脳神経の情報伝達が速いのです。シナプスや腸管で分泌される情報伝達物質が豊富だということもできます。

緊張して脳にストレスを与えてしまうと、集中力も記憶力も発揮されません。本来は人一倍の集中力や記憶力を持っていたとしても、緊張に足を引っ張られて、持てる力を発揮できないのです。

そこで本書では、頭の回転を速くするための第一歩として、まずはいざというときでも緊張しない方法を紹介していきたいと思います。

## これが「頭の回転が速い人」

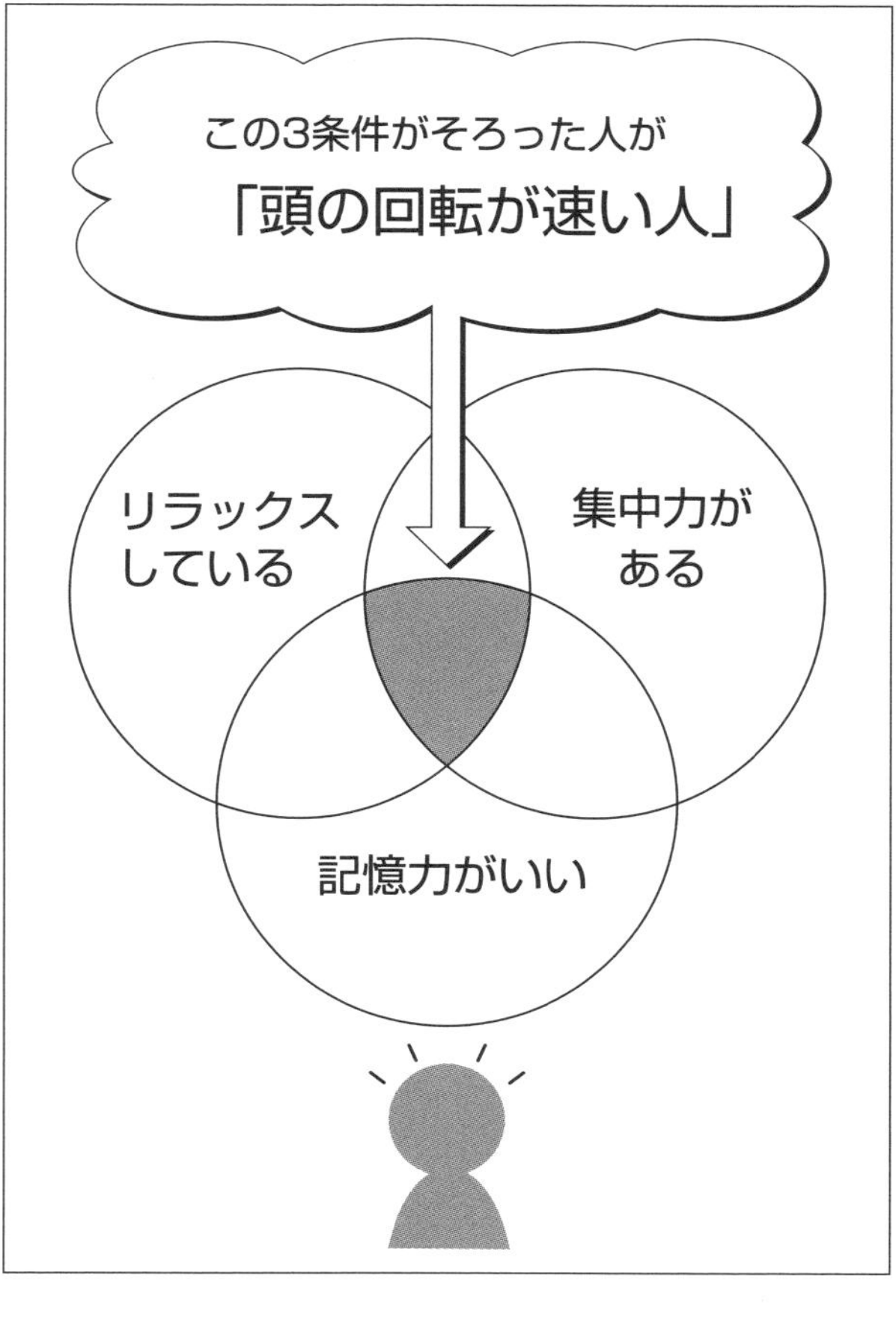
この3条件がそろった人が
「頭の回転が速い人」
リラックスしている
集中力がある
記憶力がいい

## 頭の働きを悪くする〝最大の敵〟

万全の準備を整えてその場に臨んだのに、思うような結果を出すことができなかった、という経験がある人は多いと思います。たとえば、何度も練習したのに、本番のプレゼンでしどろもどろになってしまった。何度も確認したのに、大事な交渉の場面で手続きを誤ってしまった……。

できるはずなのに、できない——。この原因は、たいていの場合「緊張」にあります。緊張して頭の回転が鈍ってしまい、本来の力を発揮できなかったわけです。もっとも、「そんなこと、いまさらいわれなくたってわかっている」と思う人がほとんどでしょう。

しかし、**人生のここ一番という場面において、「緊張」は長年にわたり、みなさんにとっての大敵であった**はずです。それなのに、緊張が自分の実力の発揮を妨げることについて、真剣に考え、この問題を解消しようと本気で取り組んだ人はどれだけけいるでしょうか？

ほとんどの人は、「たまたま緊張しただけ」「次はきっと大丈夫」と、安易に考えていないでしょうか。あるいは、自分は緊張する性分だから仕方がないと、諦めている人もいるかもしれません。緊張した体験は、自分の失敗と結びついていることが多いので、そのときのことを思い出すのもイヤ、という人もいるはず。

しかし、「いざというとき、大事なときに緊張してしまう」ということを、偶然で片づけたり、そういう性分だからと自分を納得させたりしてはいけないと私は考えています。

なぜなら、**緊張して「頭の中が真っ白になってしまった」という場面というのは、「たまたま」で片づけられるほど回数が少なくないし、「性分だから」で済ませられるほど、人生に及ぼす影響が小さくない**からです。

**「緊張」とは、ひとつの「脳のクセ」なのです。**このクセを直すためには、「緊張したために脳の回転が止まってしまった」「緊張したために心身の動きが鈍くなった」という体験を、事実として、まず率直に認めてください。

「緊張」することがいかに頭の回転を鈍くしてしまうかということを理解するのが第一歩です。なぜなら、ここぞという場面で緊張してしまう人の大半は、実は日常生活でも、それと気づかないうちに緊張した状態のまま日々を送っているからです。

## 「頭の回転」は人生を左右する！

ほとんどの人は、日常生活の中でも自分が緊張している、ということに気づいていません。というのも、自分が緊張していることを客観的にとらえるのが難しいためです。また、そもそも緊張せずに同じことをしている自分を体験できないため、緊張状態とリラックス状態を比較できません。ですから、無自覚のまま、緊張のために日々の仕事や人間関係などに問題を抱えてしまっています。

見方を変えると、あなたを客観的に見ている周りの人たちが、あなたに対してかける「ちょっと変だぞ」「それは困るな」などといった言葉が、あなたが緊張しているかどうかを知る手がかりになるのです。また、毎日の自分を振り返ってみて、うまくいかないこと、失敗したこと、漠然と感じている不安があるなら、それも手がかりのひとつになります。

日常生活を緊張したままで過ごしているということは、頭の働きが鈍くなり常に自分本来の実力を発揮できない状態にあるということです。

**頭の回転が鈍いと、「こんなはずじゃない。自分はもっとやれるはずなのに……」と、心にそんなモヤモヤを抱えながら、思い描いていたのとは違う人生を送ってしまうことになる**のです。

そう考えると、この頭の回転を鈍くしてしまう「緊張グセ」というのは、たとえば、緊張してプレゼンに失敗してしまった、という事実が「たまたま」だとか、「仕方ない」などと済ませられる問題ではないことがわかると思います。

## あなたの「頭の回転速度」をチェック

日常的に緊張していて、頭の回転が鈍くなっている人には、いくつかの特徴が見られます。たとえば、次の項目を見て、自分に当てはまるものがないかをチェックしてみてください。

□書類を読んでも内容が理解できないことがある。
□自分がつくる書類に打ち間違いや変換ミスが多い。
□仕事を同時並行で進められない。
□仕事量が減った。
□気が散って仕事に集中できない。
□小さなミスが多くなった。
□同じことでいつも上司に叱られる。
□報告・連絡・相談が遅い。

□とんでもない勘違いをしていることがある。
□とんちんかんな受け答えをしたことに、あとで気づくことがある。
□周囲とのコミュニケーションがうまくいかない。
□初対面の人に対応するのが怖い。
□なぜか相手や周囲をイライラさせがちだ。
□疲れやすく、根気が続かない。
□仕事から帰宅したあとは、何もやる気が起こらない。

該当する項目が7個以上の人は、緊張グセのあるタイプです。
改善のための対策をとることをおすすめします。

## 脳をいかにリラックスさせるかが鍵

頭の回転を速くして、自分の持てる能力を余すところなく発揮したいと思うなら、まず必要なことは「緊張グセ」をなくすことです。緊張をほぐし、リラックスすることから始めなければなりません。

でも、「リラックスしなきゃ」と思えば思うほど、精神的にも身体的にも思うようにはリラックスできないものです。スイッチのオンとオフを切り替えるように、自在に緊張とリラックスを切り替えられたら、たとえばプレゼンの場面で緊張のあまりしどろもどろになる人など存在しないはず。

心も身体も自分のものなのに、どうして思い通りにならないのでしょうか。それは、**「緊張する」「リラックスする」というのは、潜在意識によってコントロールされている**からです。

人間は、自分自身を2つの意識でコントロールしています。ひとつは**「顕在意識」**、もうひとつが**「潜在意識」**です。顕在意識は、はっきりと自覚できる意識であり、何かをしようとする意志や、自分の考え、思いなどです。

これに対して潜在意識は、通常は意識されない意識のことで、たとえば記憶や身体運動、生命維持活動などを直接コントロールします。そして、緊張の原因は、この潜在意識に蓄積された記憶にあります。

江戸時代の末期から明治のはじめにかけて日本を訪れた西洋人の記録によると、当時の日本人は穏やかで、ニコニコしていたといいます。当時は現代のように、ストレスのない時代です。おそらく、とてもリラックスした状態で日々を過ごしていたのでしょう。

しかし、現代人は違います。毎朝すし詰め状態の満員電車に乗り、江戸時代なら年に一度のお祭りのときにあったかどうかという大混雑を、毎日体験しています。通勤するだけでぐったりするのは体力の問題だけでなく、精神的に緊張を強いられることも大きな原因です。

職場へ行けば、仕事が待っています。効率を上げるためにスピードアップを要求される一方で、処理しなければならない仕事や情報は、雪だるま式に増えていきます。当然のことながらその成果を求められ、真面目に仕事をこなそうとすればするほど、輪をかけて「緊張」の中に落ち込んでいくのです。

こうして、私たちは四六時中、無意識のうちに、緊張状態におかれています。そして、意識するしないにかかわらず、日々の緊張体験は記憶に蓄積されていきます。その結果、ほんの些細な刺激や変化によってすぐ緊張してしまう状態になっているのです。ましてや、以前に緊張によって失敗した苦い経験があったりすれば、それがトラウマとなり、何かにつけて緊張がぶり返すことになります。ここから抜け出すには、どうすればいいのでしょう？

方法はただひとつ、**「リラックス状態」をできるだけたくさん体験して、潜在意識に記憶させていく**ことです。つまり、自分で意識的に「リラックス状態」をつくり出す必要があります。

緊張をほぐして健全な精神を維持し、頭の回転を速くして仕事を効率よくこなすためには、自分をリラックスさせるセルフコントロール能力を身につけることが必須なのです。

## 脳に「オアシス」をつくるトレーニング

あなたが無条件に、自然とリラックスできる空間はどこですか？ そう、あなたの部屋です。めまぐるしく過ぎ去った今日の疲れも、緊張も、自分の部屋に帰り着いた瞬間に癒される、まるで沙漠の中のオアシスのような空間です。

でも、仕事の合間にその効果を利用することはできません。そこで、いつでもどこでも、自分の部屋で過ごしているようなリラックス感を楽しめるようにするのが、これから紹介するエクササイズ。いわば、**「頭の中にオアシスをつくる練習」**です。これで、携帯可能な〝癒しの空間〟を手に入れることができます。

エクササイズを始める前に、しばらくの間、他人に邪魔されずにすむ場所を見つけましょう。喫茶店や、公園のベンチ、仕事の合間ならちょっとだけ空いている会議室を借りるのもいい方法です。

①楽な姿勢でゆったりと座ります。椅子の背もたれに寄りかかっても構いません。
②目を閉じて、息を大きく吸い、ゆっくり吐きます。これを3回繰り返します。
③次に、身体のいろいろな部分を、順に意識してリラックスさせていきます。身体の緊張がほぐれると、呼吸が自然に深く、ゆっくりになります。そして、心地よい温かさが感じられます。

- 眉間を意識する。意識できたらそこを緩める。
- まぶたを意識して緩める。
- 頬を意識して緩める。
- 口元を意識して緩める。
- 肩、腕、手を順に意識して緩める。
- 胸、お腹を順に意識して緩める。
- 脚の付け根、腿、膝、ふくらはぎを順に意識して緩める。
- 足首、足の裏、足の指を意識して緩める。

④次に、これまで実際に行ったことのある場所の中で、一番リラックスできる場所を選んで、「今そこにいる」と想像してください。光景、聞こえる人の声や周りの音、その場の匂いなど実際にその場にいたときのことを思い起こします。
⑤その場に行ったときの楽しかった出来事を思い出して、まさに今その瞬間にいるつもりで、そのときの楽しい気持ちを心に蘇らせます。楽しい気持ちを感じているときは、リラックスしているときです。自分が今、身体も心もリラックスしていることを意識して、その心地よさを味わいます。
⑥深呼吸を3回します。手足の指をギュッと握ってパッと開く運動を数回繰り返したら、目を開けます。

目を開けたときの状態が、あなたがリラックスしている状態です。**このエクササイズはリラックス状態になるための最も簡単で効果的な方法**のひとつです。これを行なうことで、心身の緊張をほぐし、リラックスした状態を、意識的につくり出すことができるようになります。また、繰り返し練習すれば、いつでも楽に、速やかに、緊張からリラックスへと自分を切り替えられるようになります。

**ポイントは、自分が「楽しい」と感じた瞬間を想像することです。そうすることで、脳は「今、楽しい気持ちでいる」と錯覚するのです。**楽しいと感じているとき、人はリラックス状態にあります。つまり、錯覚とはいえ潜在意識の中に「リラックス体験」が蓄積されていくことになり、それによって日常的にリラックスし、頭がよく働く状態にすることができます。

## 怒り、秘密、不安……に要注意

たとえば、大口の契約がかかった失敗の許されない交渉の場に臨むとき、合格率の非常に低い資格試験に挑戦するとき、自らの能力を十分に発揮できるように、平常心を保ちたいと思うはずです。また、そうした特別な場合でなくとも、仕事に取り組むときや、勉強に励むときなど常日頃から、心を落ち着かせリラックスした状態でありたいと思うものです。

ところが、意に反して緊張状態に陥ってしまいます。一体、なぜでしょうか？

私は「速読脳開発プログラム」や「シルバ・メソッド」の指導を行なう中で、たくさんの生徒さんたちに、緊張状態から抜け出すための方法を教えてきました。そして気づいたのは、緊張グセのある人は、緊張の種を自分で自分に蒔いているということです。

ある女性はいつもイライラしている人でしたが、リラックス状態に入るためのエクササイズを行ない、心持ちリラックスしてくると、すぐにイライラがぶり返してきてしまうのです。

あるとき、なぜイライラが戻ってきたのか尋ねたところ、「朝の記憶が蘇ってきたから」といいます。彼女はその朝、車での通勤途中に道路脇から急に出てきた車と危うく接触しそうになったそうです。そのときの怒りの気持ちが思い出されて、イライラしてしまったようでした。

その瞬間は、とてつもない緊張状態だったでしょう。怒り心頭となったのも仕方がなかったかもしれません。でも、もし「事故にならなくてよかった。ドライバーは急ぎの用事があったのかもしれない」と、ほっとして、寛容に受け止めることができていたら、「緊張した体験」として記憶せずに済んだはずです。それができなかったから、イライラを再発させる種として自分の中に残ってしまったのです。

このように、緊張には、自分の考え方や価値観、言動などが原因となっている場合があります。私たちが見たり聞いたりしたこと、つまり五感で感じたことは、たとえ意識的には思い出せなくとも、すべて潜在意識に記憶されているといわれています。ましてや確信を持っている考え方や信条、自分が発した言葉、行動であれば当然、潜在意識にすべて蓄積され、これらの記憶が、外部からの刺激に対して自分がどのように反応するかを決めています。

つまり、**物事をマイナス思考に捉えてしまったり、秘密やうしろめたいことを胸に抱えていたりして、心を煩わせるのは、緊張の原因となる記憶を潜在意識に詰め込むようなもの。**これが頭の働きを著しく悪くするのです。

## 何が頭の働きを悪くするのか

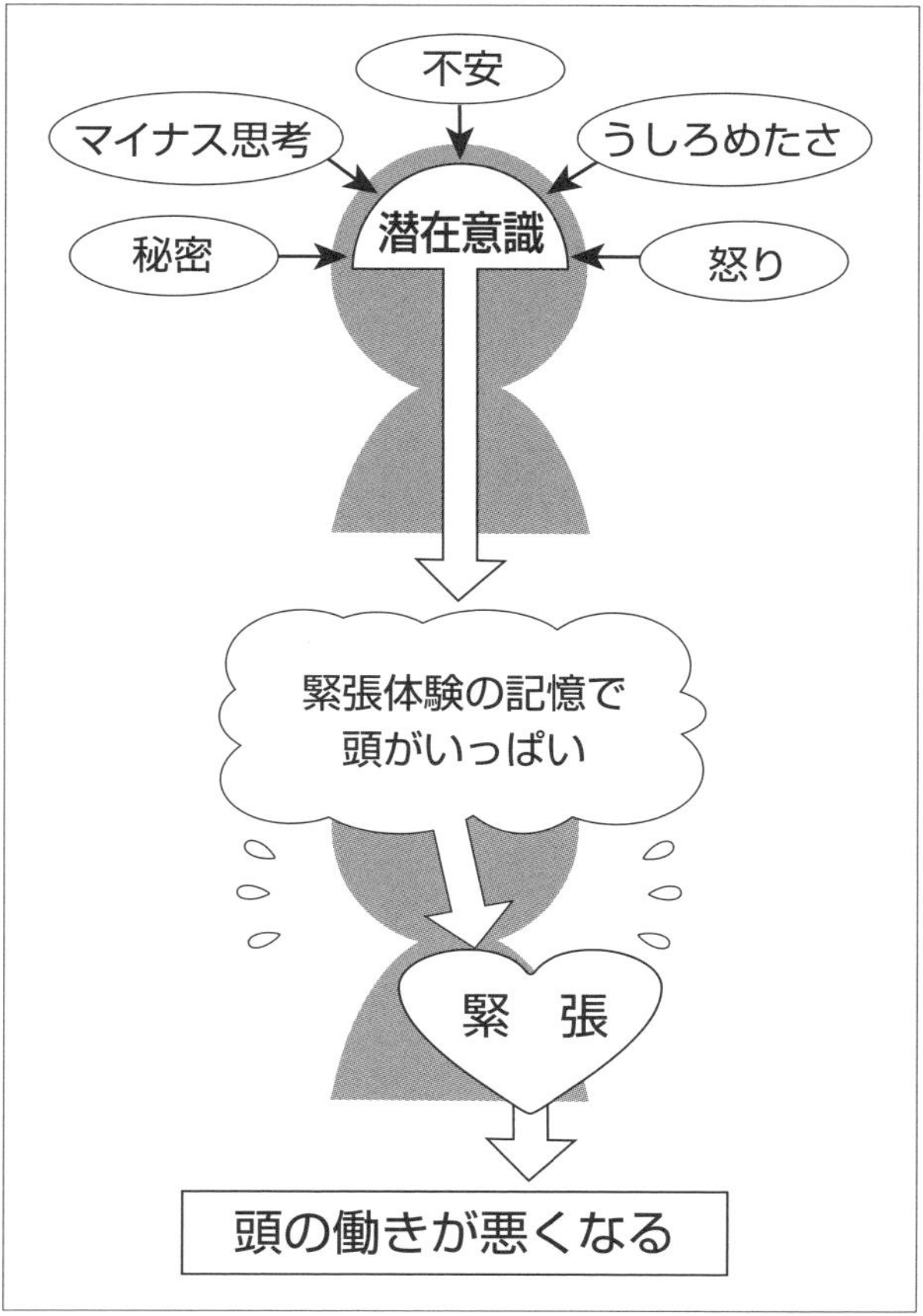

## 「心の持ち方」で脳は大きく変わる

心にも身体にも、緊張を持たずに生きることができたら、その人は間違いなくいい人生を歩むことができると思います。なぜなら、それによって頭の働きがよくなり、自分が本来持っている実力を十分に発揮しながら生きることができるからです。

私はこれまでたくさんの人に「速読脳」の開発を手がけてきましたが、その過程においても、その人が本来持っている実力を発揮することができるかどうかが重要なポイントなのです。しかし、緊張にそれを邪魔されてしまう人は意外なほどたくさんいます。その原因は、「心の持ち方」にもあるようです。

では、具体的にどのような心の持ち方が理想的なのでしょうか。

**〈他人と比較しない〉**

私たちは、競争社会に生きています。子供の時分は入学試験で競い、社会人になれば仕事で競います。社内での成績を競うこともあれば、ライバル会社と新商品の開発を競う場合もあります。

こうした競争は必要なものです。一人ひとりが受験に向けて勉強することで全体の学力が底上げされますし、社員が成績を競い合い、お互いを高め合うことで会社の業績は上がります。他にない斬新な商品をつくるために、新しい技術が開発されれば、社会的にも技術革新が進むでしょう。高い目標を達成するための努力を促進するという意味で、競争は一役買うのです。

しかし、一方で、競争意識が強いということは、常に他人と自分を比較することにもつながります。そこには必ず優劣が生じ、負ければ劣等感に苛まれ、勝てば次は負けるかもしれないと不安になる。どちらにしろ、緊張の種になってしまい、頭の働きを鈍くしてしまう一方です。

そこで、ほんの少し考え方を変えてみる。ここがポイントです。たとえば、自分より優れた結果を出している人に対しては、自分にもまだ伸びしろがあるという可能性を体現してくれているのだと、感謝の気持ちを向けてみます。そうすれば、劣等感に打ちひしがれることがありません。

また、自分が相手より優位に立っているからといって、自分のやるべきことは変わらないはずです。ただ最大限に能力を発揮できるように努力するのみであり、仮にいつか立場が逆転しようと同じこと。恐れるべきは能力が発揮できなくなることであって、相手に負けることではありません。

要するに、私たちは、他人より自分自身にもっと関心を向けるべきです。性格や才能は一人ひとり異なります。異なるそれらを活かすべく、**自分自身に関心を向けて、精一杯努力する。このスタンスが、あなたの頭の働きをどんどんよくしていくのです。**

この心の持ち方を身につけるには、目標の定め方にコツがあります。競争の中に身を置いているとき、私たちはたいていその先にある昇進や、財産、名声を得ることなど、目に見える形での成功を目的としてしまいます。

だから、どこまでも勝ち負けがつきまとうのです。そうではなく、**「自分の持っている能力を生かしきること」**を目標にしてみましょう。自分自身がより良く改善され、余すところなく能力を発揮できることを目指すのです。

## もっと「自分」のために頭を使え

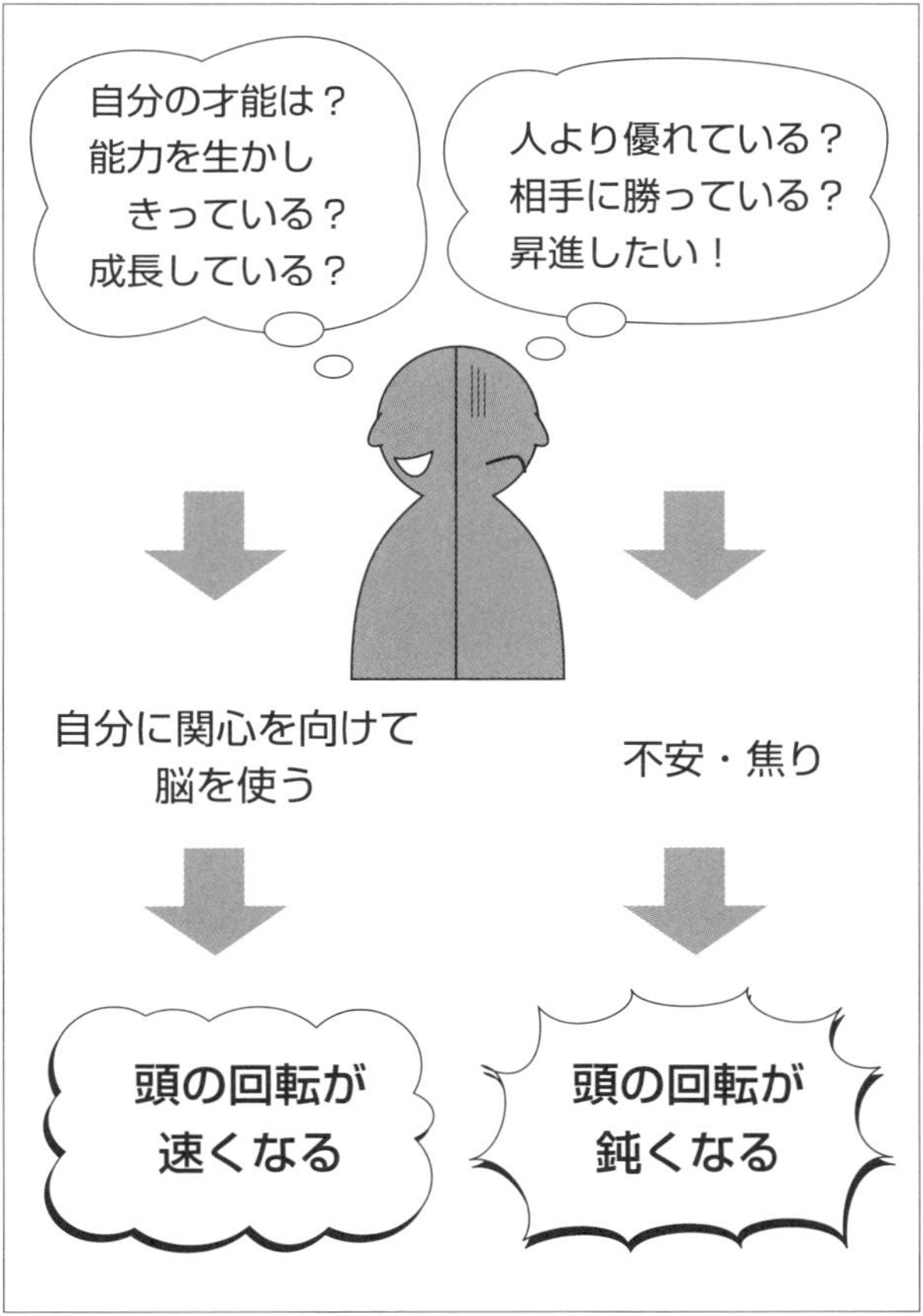
自分の才能は？
能力を生かしきっている？
成長している？
人より優れている？
相手に勝っている？
昇進したい！
自分に関心を向けて脳を使う
不安・焦り
頭の回転が速くなる
頭の回転が鈍くなる

## 〈完全主義をやめる〉

仕事でも、学業でも、いい加減にやっていいものはひとつもありません。しかし、完全でなければならないわけでもありません。「仕事は完全でなければならない」と考える人もいるでしょうが、そもそも現実の世界に「完全」というものはあり得ないのです。

「完全」とは、観念に過ぎません。現実にないものであり、求めても得られないものなのですから、**「完全」を追求する限り、自らに緊張を強いることになり、頭の働きを鈍くします。**

私たちにできることは、完全を実現することではなく、完全を目指して、最大限努力することだけ。それしかできません。それでも完全でなければならないと考える人の多くは、周囲からよく見られたい、評価されたいという執着や、失敗したら笑われるのではないかという恐れを無意識のうちに抱いている傾向があります。

そんな気持ちに心当たりがある人は、自分が他人にどう見られるかは人生の成功にまったく関係がないことを、自分自身に繰り返し教えてください。意識的に執着や恐れを捨て去る努力をすることで、きっとずいぶんと生きやすくなるはずですし、頭の働きもよくなり、あなたは持てる才能をもっと発揮できるはずです。

また、仕事でも学業でも、「真面目に一生懸命努力する」うちに、いつの間にかそれが「緊張してやる」ことにすり替わってしまう場合があります。真剣にやることと、緊張状態を混同してしまうのです。たとえば、少しの物音にイライラしたり、周りにいる人の存在を煩わしく感じたり、他人が話しかけにくく思うほどピリピリしたりという状態は、真剣になっているのではなく、ただ緊張しているだけです。

結果は天に任せましょう。何度もいっているように、私たちにできるのはただ真剣に努力することだけ。**今に集中して、実力を出し切る——このスタンスは、頭の働きを断然よくします。**そして、実力を出し切るためには、悠然と落ち着いた気持ちでいることが必要です。これらの条件がすべて揃ったとき、人は完全に限りなく近い結果を出すことができます。

## 〈「覚悟」を決める〉

人生がいいことばかりとはいかないのは、誰もが知っていることです。腹の立つこと、悔しいこと、悲しいことを経験します。そうした経験を極力避けようとし、もし遭遇すればひどく嘆く人もいますが、成功している人というのは、辛い経験もすべて肯定的に受け入れます。

もし、辛い出来事を他人のせいにしてしまうと、怒りや悔しさが湧いてくるのを止められなくなります。仕事で失敗したのは部下の不手際のせい。学歴が低いのは教育に熱心ではなかった親のせい。そう考えた瞬間に胸に抱いたネガティブな感情は、決して消えることはありません。

どのような出来事であっても、それが我が身に起こるという縁ができたのは、自分の中に原因があるからです。たとえ不可抗力としか思えないことであってもそうです。部下の不手際は、上司であるあなたの監督不足かもしれません。その原因はあなたの中にあったのです。

そう考えると、どのような未来でも受け入れる覚悟ができます。どんな未来でも受け入れる覚悟が決まれば、腹が据わって、多少のことでは動じなくなります。**「覚悟」を決めることで、思考も統一され、脳の活動も活発になっていきます。**

## 〈熱意と誠意で仕事をする〉

真面目に仕事をしようと思う人ほど、ミスを恐れて緊張してしまう傾向があるようです。こういう人は、行動を起こす前に、頭であれこれ考えてしまうタイプ。知識や知恵、才能に頼りがちなのですが、誰しも何かしら苦手な点、足らない点があるものです。知識や知恵、才能が大事であることは確かですが、それに頼って仕事をすると頭打ちになり、緊張を生じさせます。

また、頭でぐるぐる考えているだけで、行動に踏み出せない人というのは、どんどん悪い方向に考える傾向があります。問題点をあぶり出したり、不安点を見つけたりすることに終始するので、ますます緊張を強めてしまいます。**考え過ぎることは、かえって頭の働きを鈍くするのです。**

考え過ぎる前に行動しましょう。ただし、無謀になれということではありません。熱意と誠意を持って、一生懸命目の前の仕事に打ち込むことで、心の中に緊張の入り込むすき間をつくらないようにするのです。自分の持てる力すべてをそこにつぎ込んで、これ以上のことはできないというレベルで仕事に取り組めばいいのです。

そうした上で、自分の限界以上のことを要求されたときは、自分の未熟さや未完成さを自覚して、謙虚な気持ちが生まれます。**謙虚さは、さらなるレベルアップを目指す向上心につながるだけでなく、緊張を消し去り、脳の働きをよくしてくれます。**

また、過去の大きな失敗をまた繰り返すのではないかという恐れが、緊張を強くすることもあります。仕事での失敗は、金銭的なトラブルが絡んだり、周囲の目にさらされて恥ずかしい思いをしたり、評価が下がったりといった目に見える結果につながることも多いので、記憶に残りやすいため、大きな緊張の種になりがちです。

そういう場合は、**自分が成功している状況を、何度も頭の中で繰り返しイメージし**

**て、記憶を塗り替える努力**をしてください。落ち着いて弁舌をふるい、顧客から感謝の言葉をもらい、上司の信頼を勝ち取る自分をイメージします。同時に、現実においては事前準備を慎重にやった上で、メンタルリハーサルを徹底して行ないます。

これもまた、いたずらに過去を悔やむのではなく、今目の前にある現実に自分の意識を集中させるための工夫です。今にすべての意識を集中させることで、頭の働きはよくなり、集中力が上がります。緊張するすき間を自分の中につくらないようにすることが大切なのです。

**〈感謝の気持ちを忘れない〉**

感謝の気持ちを持つことが、頭の回転をよくするのとどう関係があるのか、と思われるかもしれませんが、**心が感謝であふれているときの「嬉しい、ありがたい」という感情は、緊張を解きほぐすので、間違いなく脳にいいことなのです。**

どんなことでもいいのです。日々を振り返ってみれば、至る所に感謝すべき相手が見つかるはずです。仕事を教え、叱ってくれた先輩。ときに厳しく、ときに優しく支えてくれる家族。

お互いに助け合い、競い合ってきた友人。いつも隣にいてくれる恋人。食べ物が食べられるのも、米や野菜を育て、肉や魚を提供してくれる人がいるからです。水が飲めるのも、電気が使えるのもそうです。住む家があるのも、家を建ててくれた人のおかげです。

私たち人間、特に若い人たちは、身の周りで起きる出来事にばかり興味をひかれて、いつも意識が外へ外へと向いてしまいがちになり、自分という存在について考える機会が少ないものです。

でも、おもしろく生きていくことができるのは、周りの人のおかげであると理解できれば、感謝の気持ちは自ずと湧いてきます。小さな感謝をひとつ見つけたら、緊張の種はひとつ減ります。日々の出来事を「嬉しい、ありがたい」という気持ちで受け止めていく心のクセをつけましょう。

## 脳を活性化させる「心の持ち方」

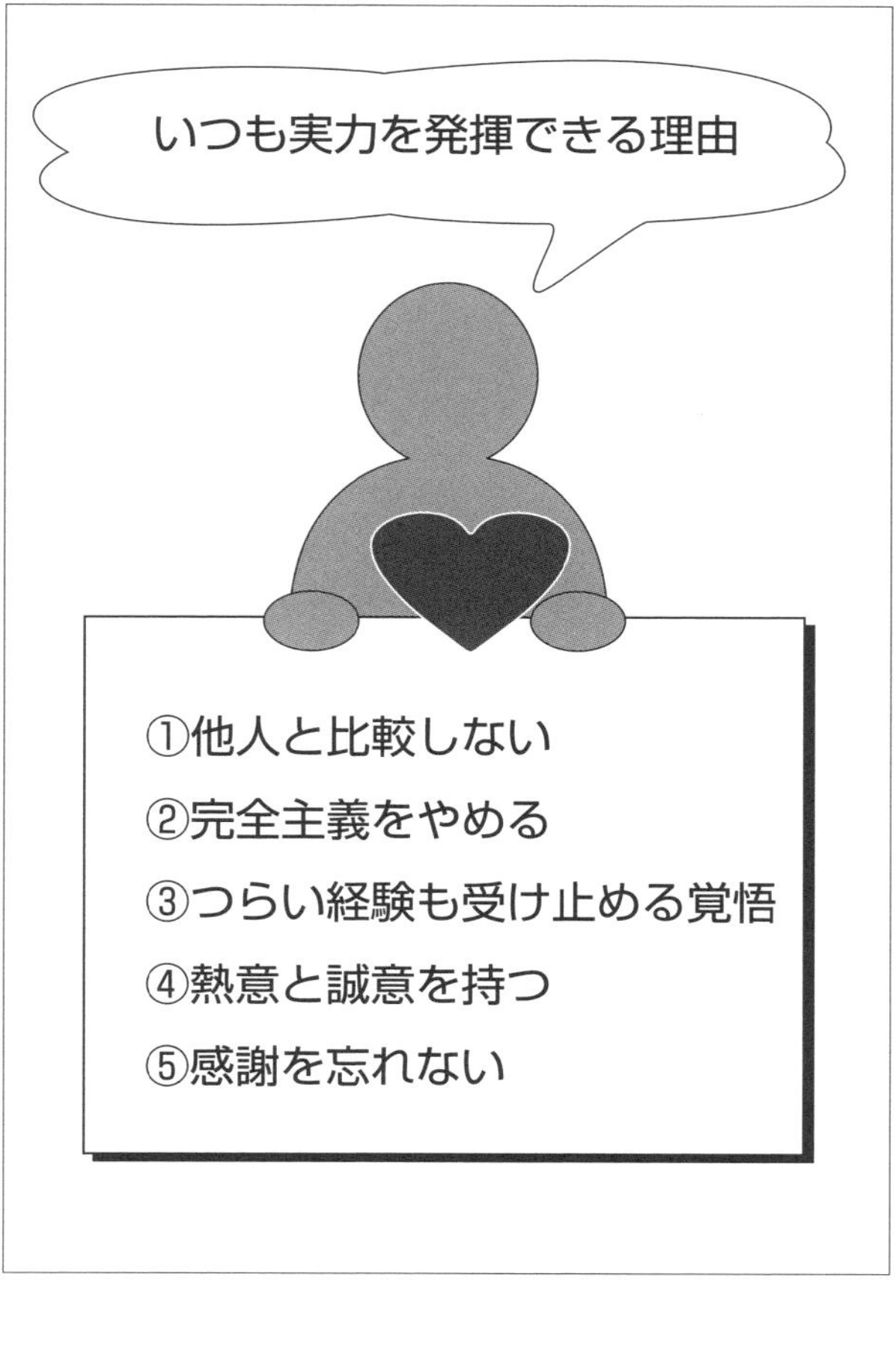
いつも実力を発揮できる理由
①他人と比較しない
②完全主義をやめる
③つらい経験も受け止める覚悟
④熱意と誠意を持つ
⑤感謝を忘れない

## 自信を持つ——頭をよくする一番の方法

緊張とは、いわば不安の裏返しでもあります。そう考えると、心を安定させて、頭の働きをよくする一番確実な方法は、自信をつけることです。**自信をつけることは、頭の働きをよくするために絶対欠かせないポイントなのです。**プレゼンでも、試験でも、必ずうまくやれるという自信があれば、焦ることはありません。

では、どうすれば自信を身につけることができるのでしょうか。

努力し、がんばってやり切ったという体験を重ねることにより、自信は生まれます。

それ以外に、自信を養うテクニックはありません。

就職したら「とりあえず3年間は死にもの狂いで仕事をしろ」といいますが、まさにその通りだと思います。死にもの狂いでやって初めて一人前になれるし、周りからの信頼を得られます。信頼されているという実感を持って仕事に取り組めるようになったとき、自信は生まれます。

間違ってはいけないのは、「死にもの狂いでやる」ということは、何日も残業して身体がボロボロになるまで働くことではありません。仕事を時間の切り売りと考えていると、仕事そのものに身が入らなくなり、自信を育てることにはつながらないのです。

大切なのは、その仕事については右に出る者がいないくらい理解を深めると同時に、その中に自身の考え方、意見、確信を込めること。それを確実に伝えるための予行練習も欠かせません。その上で、周りからの質問を想定して答える練習をするなど、どこにも手抜きがないように徹底して「準備」することに頭と心、身体を使うのが「死にもの狂いでやる」ということです。

いずれにしても、脳の働きをよくするためには、自分の中に自信を育てていくことは、欠かせないのです。

# 2章

# あなたの仕事にスピード革命を起こす法

## ――「集中力」が劇的に上がる、この方法

## 「集中力」を高める「2つの鍵」

**頭の回転を速くする鍵はどこにあるか。**
**それは集中力です。**

集中する方法については、すでにたくさんの書籍が出されています。しかし、それらは「集中状態に入るためのテクニック」を説明しているものが多く、「集中力」そのものをどのように身につけるか、についてはあまり語られていません。

たとえば、「仕事に締め切りを設定する」というのは、集中するためのテクニックとしてよく挙げられます。確かに締め切りが決まっていれば、それに間に合うように誰もが頑張るでしょう。締め切りが決まっていない場合と比べ、集中できることは間違いありません。

でも、そのときの「集中の度合い」は、人によって異なります。もともと集中力のある人は、効率が100パーセントアップするでしょう。しかし、もともと集中力のない人は、10パーセントアップがせいぜいかもしれません。ここに問題があります。

つまり、**集中力を向上させるためには、「集中するテクニック」と、「集中力を養うトレーニング」の2つが必要**だということになります。そこで、本章では「集中状態に入るためのテクニック」と「集中力を養うトレーニング」の2つについてお話ししていきましょう。

## 常に〝ちょっと厳しい〟締め切りを設定する

「時は金なり」といいますが、あなたは自分の労働時間単価を考えたことがありますか。自分の給料を労働時間で割ると、時間単価が出ます。それに見合うだけの仕事をしているかどうか。これは考えてみる価値のあることです。ビジネスマンであれば、ただ一生懸命仕事をするだけでなく、自分の仕事に関する「経済感覚」を養うのも大切なことなのです。

初めてやる仕事でなければ、普通は目の前の仕事がどれくらいの時間で片づけられるか、おおよその見当はつくはずです。というより、まったく見当がつかないようでは、その仕事に関して一人前とはいえません。**目の前の仕事をどのくらいの時間で達成できるのかを常に予測し、締め切り時間を定めて、実行する。**これは集中力を高め、頭の回転速度を上げるための重要な習慣となります。

①仕事の内容をよく確認し、それを達成するのにかかる時間の見当をつける。
②見当をつけた時間を「2割」短くして、締め切り時間を決める。

目標達成時間を決めるときは、何時何分までに仕上げるのか明確にしてください。2割以上、短くしても構いませんが、真剣に取り組んだとき実際に達成可能な時間を見極めて設定することが重要です。

デスクワークであれば、すぐ見える所に時計を置いておくと真剣味が増します。アラームを使って、目標時間に音が鳴るようにするのもよい工夫です。目標時間を達成

## 集中力アップに必須の2要素

集中力を養う
トレーニング

集中状態に入る
テクニック

たとえば

- 「朝型人間」になる
- 「目の状態」を良好に保つ
- 「身体」を強くする
- 「視野の広さ」「注意深さ」を身につける
- 「夢中になれるもの」を持つ

……etc.

たとえば

- 「締め切り」を設定する
- 「仕事のサイクル」を確立する
- 「脳の特性」を生かす
- 「精神状態」を安定させる
- 「報酬効果」を活用する

……etc.

2つそろえば
**集中力（＝頭の回転）アップ**

しても、出来映えがお粗末であったり、ミスが多かったりするのでは意味がありません。そのことを含めて、締め切り時間を設定することが重要です。

このテクニックは、実行するのは簡単ですが、その効果を発揮できるかどうかは本人の真剣さにかかっています。本気で達成しようとしなければ意味がありませんが、真剣に取り組むなら、当然集中度は上がり、集中力のトレーニングにもなります。

## 「50分仕事をしたら休憩をとる」いい習慣

2時間も3時間も、ぶっ続けでデスクに座り、パソコンに向かっている人がいますが、効率よく仕事ができているとはとても思えません。そういう場合は思考が空回りしていることが多いのです。

私たちが、ひとつのことに集中できる時間は、せいぜい1時間くらいです。ですから、何時間も仕事に集中し続けなければならないようなときは、長々と机に向かっているより、ときどき休憩を入れながらのほうが、トータルで見れば効率が上がるのです。

もちろん、心地よい集中状態に入っていて、サクサク仕事が進んでいるようなときは、そこで無闇に休憩をとるのはかえってもったいないことですから、そういう場合は、目や肩が疲れてきたり、頭が回らなくなってきたりするまで続けたほうがいいでしょう。

**50分仕事をしたら、休憩をとる。**これを習慣にしましょう。周囲の邪魔にならないように、振動で知らせるタイマーを用意しておくのがおすすめ。携帯電話のバイブレーション機能を使うのもいい方法です。

50分仕事をしたら、机から離れ、立ち上がって軽く手足を動かし、肩や首をほぐして、全身の血行をよくします。また、膝の屈伸運動をしたり、アキレス腱やふくらはぎを伸ばしたりして、脚の血行もよくしておくことも効果的です。

## なぜか集中できないときはどうする？

頭の回転を上げて集中して仕事をしようとするとき、その準備として、「気になること」は事前に片づけておくことがポイントです。私も集中して原稿を書こうとするとき、時間がないのに、机の上を片づけることから始めてしまうことがよくあります。少しでも気になることは、なくしておきたいのです。

その場の環境かもしれないし、心理状態、健康状態、人間関係かもしれませんが、とにかく気になることは全部片づけてしまいましょう。心を煩わすことがなくなれば集中に入りやすくなり、心に邪魔が入らないので、持続するのも容易になります。

そして何より、**「気になることがない」という状態をつくっておくことで、自分で自分に集中できない言い訳ができないようにするの**です。逃げ道がないので、本気で集中するしかなくなります。

これから集中してやろうとしている仕事を、少しやってみてください。集中できるならそのまま続けます。目の前の仕事以外に、少しでも気になることがあったら、それを先に片づけてしまいましょう。

**気になることは、周囲から探すのではなく、自分の心の中で何となく気になっていることと、ひっかかっていることを探します。**

具体的に何が気になっているかわからないけれど、集中できないときは、部屋や机上を片づけたり掃除したりすることから始めると、心の中も整理されます。落ち着きが増し、集中が高まってくるのを感じるはずです。

## 「嫌な仕事」は朝一番に片づける

嫌な仕事は、誰でも先延ばししたくなります。しかし、その仕事を片づけるまでは、常に潜在意識でそれを気にしている状態。たとえ他の仕事をしていても、効率が悪くなってしまうのです。「あの仕事をしなきゃ」「嫌な仕事がまだ残っている」と心のどこかで気になってしまうから、深く集中することができません。

**嫌な仕事は、先に片づけてしまってください。**そもそも嫌な仕事とは、たいてい「苦手な仕事」です。言い換えるなら、自分の仕事の能力の偏った部分を象徴しているわけです。つまり、嫌な仕事を積極的に片づけることは、自分の苦手をなくすことにつながります。自分自身を成長させるためにも、嫌な仕事は優先して片づけましょう。

朝ないし午前中のほうが、気持ちは落ち着いているし、頭もクリアです。頭が冴えているうちに素早く片づけてしまうことです。**よく、朝一番は頭がクリアで冴えているため、とにかくクリエイティブな仕事をするべきだ、といわれますが、私は必ずしもそう思いません。やらなければならない嫌な仕事が気になっている状態で、創造性など発揮できると思えないからです。**

他人が関係する仕事ならなおさらです。相手の気持ちも落ち着いている朝のうちに片づけてしまうほうがいいと思います。気になる仕事が朝イチで片づくことで、その後は集中度が上がり、当然、頭の回転もよくなります。そして、自分の苦手な仕事がわかったら、以後はそれに類する仕事を優先して片づけるようにすることです。

## 「脳を一日中飽きさせない」仕事術

あっという間に時間が経ってしまうことがあります。たとえば、好きな本を読んでいるときや、スポーツに励んでいるときなどです。好きなことをしているときは、飽きずに何時間でも楽しむことができます。

仕事の場合は、外部的な制約も多いですから、楽しくやっているとしても疲れを感じるのはやむを得ません。そして、身体や脳が疲れると、集中力が続かなくなります。いわゆる「飽きがきた」というときの状態です。

飽きがこないようにするには、疲れを軽減するしかありません。身体でも脳でも、どこかに偏らずまんべんなく使うと、あまり疲れなくなります。仕事をしながらどこかに疲れを感じたら、それとは違う部分を使うように切り替えましょう。頭が疲れてきたら身体を動かす仕事を、ルーティンワークに疲れたら企画を立てるなど創造的な仕事をするように切り替えるのです。そうすることで、飽きが解消され、集中を持続できます。

1日に片づける仕事を、次の5つの観点から分類してみましょう。

**①頭を使う仕事――身体を使う仕事**
**②考える仕事――単純作業**
**③新しい仕事――ルーティンワーク**
**④論理的に処理する仕事――直感的な判断を要する仕事**
**⑤言葉を使う仕事――イメージを使う仕事**

たとえば、勉強をするとき、数学のあとには物理をやるより、英語をやるほうが集

## 集中力がとぎれない仕事のやり方

**step.1**　仕事を分類

頭を使う仕事―①―身体を使う仕事

考える仕事―②―単純作業

新しい仕事―③―ルーティンワーク

論理的に処理する仕事―④―直感的な判断をする仕事

言葉を使う仕事―⑤―イメージを使う仕事

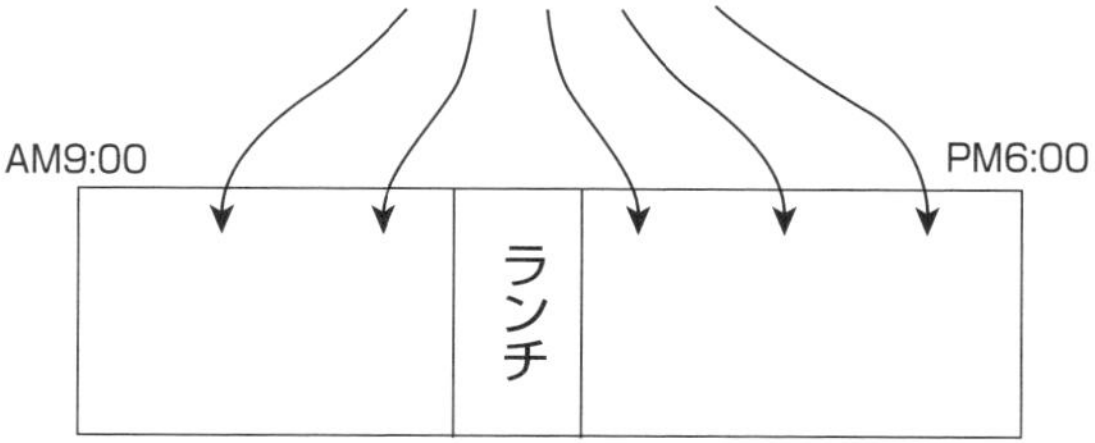


**step.2**

①～⑤の両方の仕事を1日のタイムスケジュールにまんべんなく配置

中できると感じたことはないでしょうか。これには理由があります。数学も物理も、論理的に考える必要がありますが、英語は主に「覚える」という頭の使い方をします。脳の使う部分が変わるので、飽きずに集中できるわけです。

①〜⑤の両方の仕事を1日のタイムスケジュールにまんべんなく配置して、いろいろな種類の仕事を楽しむことで、集中が途切れるのを防いでください。ただ仕事によっては、たとえば経理部に所属していて特定の仕事だけ任されている場合もあるでしょう。そういうときは、仕事を終えてから仲間と楽しむ企画を立てるなど、プライベートも含めて脳の別の部分を使う工夫をするのが、頭の働きをよくするポイントです。

## 静かすぎないほうが集中できる!?

電車に乗っていると、機械音や騒音、振動などうるさいものですが、本を読もうとすれば集中の邪魔にはなりません。**図書館のように静まりかえった場所より、心地よ**

**い音楽や人の話し声が聞こえる喫茶店のほうが集中できる**という人もいます。少なくともこうした音や音楽、振動は、集中できない言い訳にはならないはずです。

そこで、逆にこの音を集中に利用してみましょう。

音楽あるいは効果音は、基本的に次の3つのパターンで利用できます。

**①集中状態に入るため**
**②集中を維持する助けとするため**
**③リラックスするため**

自分が集中状態に入るのをうながすには、好きな音楽や気分の乗るものが非常に役立ちます。不思議と意欲を喚起される映画音楽なども役立ちます。たとえば、映画「ロッキー」や「炎のランナー」のテーマなどうってつけです。始業時間前や、昼休みなどに聴くことをおすすめします。

最近では生体リズムに作用して効果をもたらす「アルファリズム」や「シータリズム」の効果音がよく知られるようになりました。集中状態に入りやすい、仕事の疲れを軽減するなどの効果があります。資格試験の勉強など深く集中したいときなどにも役に立ちます。

仕事の種類によって、BGMを使い分けることも必要です。たとえば、勉強するときや、自分の言葉でレポートを書くときなどは、詞が入っている音楽は不適当です。疲れているときは、「1／fゆらぎ」を持つ音楽、あるいは自然音を使うことをおすすめします。

「1／fゆらぎ」というのは、大自然のなかの木の葉のそよぎ、波の音、小川のせせらぎなどに共通する振動の特徴です。この音のゆらぎが、人を癒し、リラックスさせてくれます。

海辺のリゾートホテルで沖を眺めながらとてもリラックスできたような経験があるなら、波の音が入った自然音を流すとリラックスに役立ちます。最近では、自然音の収録されたCDも販売されているので、活用してください。

音楽や効果音は集中の役に立ちますが、集中しようとする自分の意志がもっとも重要であることはいうまでもありません。

音はあくまで補助手段です。また、深い集中状態に入ってしまえば音楽はむしろ邪魔になります。音量を小さめにして、深い集中に入っても気にならないように工夫しましょう。

## 「丁寧にやろう」という意識の力

「丁寧な仕事」というのは、実は難しいことです。なぜなら、丁寧にするには、心が落ち着いていなければならないからです。落ち着くためには、心の「荒さ」と「粗さ」を取り除かなければなりません。「荒さ」とは、荒れている海と同じように、心の中で怒りやイライラ、悲しみなどの感情が渦巻いている状態のこと。荒れた心のままでは行動が粗暴になります。

たとえば、企画書を書いていても思うようにアイデアが湧かないときなど、キーボードを叩きつけたくなったり、大声を出したくなったりしませんか。部屋のドアを大きな音を立てて閉めたりするのも、イライラしたときにはやりがちです。それが、心が荒いとき。誰にでも覚えがあるでしょう。そういうときに丁寧で緻密な行動をするのは難しいものです。どうしても荒い動作、粗雑な行動になります。

心が荒いときは、必ず行動が粗くなります。たとえば、イライラしながら部屋の片づけをしたところで、物が傾いていたり、位置が不揃いであったりと整然とした美しさには欠けるものです。これが「粗さ」であり、そのため常にイライラしている人は周囲から「仕事が粗い」と評価を受けてしまいます。

こうした「荒さ」や「粗さ」を取り除くために大切なのは、まず**「丁寧に仕事をしよう」**と決意すること。これは非常に重要なポイントです。仕事の種類によって要求される精度は異なりますが、基本的にどんな仕事も丁寧にやるという姿勢を決めることです。そして、実際に行動に表わしていきましょう。そうすれば、自ずとひとつひとつの行動を丁寧にやることになります。

**丁寧にしなければと思うから、集中力も発揮されます。丁寧にやろうとすればするほど、自分の内面にある心の荒さに気づき、穏やかに保とうとするので、さらに頭の働きがよくなり集中力を「持続」しやすくなっていきます。**こうして仕事を通して、集中しやすい自分をつくり上げていくことができるのです。

## 「私は集中力がない」という人たちへ

集中力は、あらゆる生物に備わっている力です。つまり、生命力の一部であるといえます。**「自分には集中力がない」という人もいますが、そんなことはありません。ただ、もともとある集中力を引き出せるか、引き出せないかの違いなのです。**

集中力を引き出すには、潜在意識を活用できるかどうかにかかっています。

私たちの意識は顕在意識と潜在意識から成り立っています。顕在意識は意志や思考活動を通して、「これが私である」と認識している意識です。

一方、潜在意識は記憶、免疫、身体運動など、実際の活動の基礎になる機能を担い、現実に自分を動かしている意識です。通常、その活動が意識されることはほとんどなく、無意識的に活動しています。

つまり「映画に行こう」と考えるのが顕在意識、映画館へと足を動かすのが潜在意識です。いわば顕在意識は「司令部」、潜在意識は「実動部隊」といったところ。通常の意識状態では、顕在意識と潜在意識の間には壁があります。

子どもは欲しいと思えば、他の子どもの持ち物でも奪おうとしますが、これはまだ顕在意識と潜在意識に壁がない状態です。これでは社会生活を送れませんから、成長すると共に壁も発達し、その結果、意志が潜在意識に伝わりづらくなっているのが大人、つまり私たちです。そういう意味では、この壁は生きていくために必要なもので

## 集中力が発揮できない理由

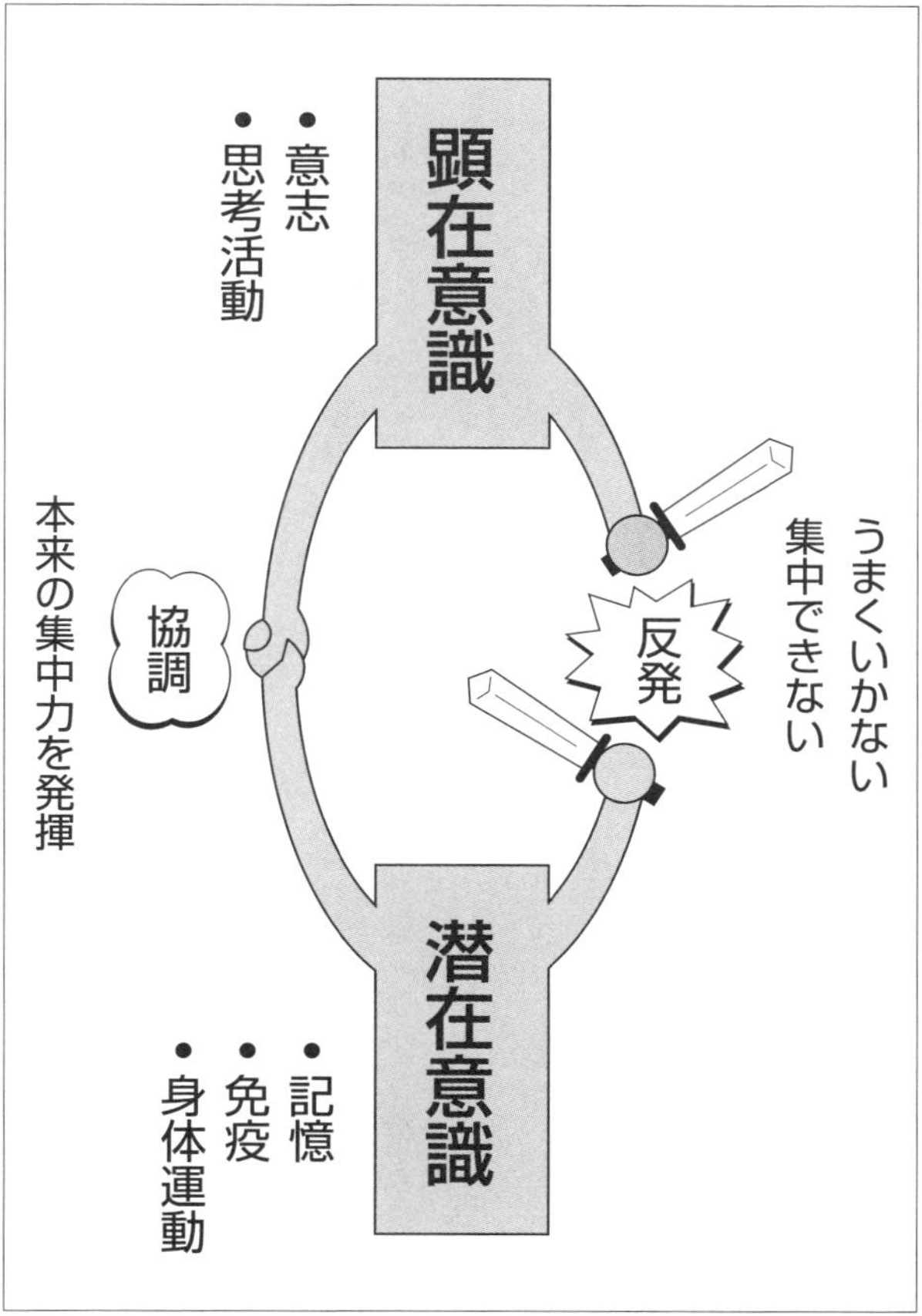

もあります。

一方で、潜在意識の中には見聞きしたこと、体験したことがすべて蓄積されており、潜在意識なりの思いがあります。つまり、顕在意識と潜在意識は、ジキルとハイドのように2つの人格として私たちの中に存在しているともいえるのです。

この2つの人格が仲良く手を取り合っているときは、能力面でも健康面でも十分な力を発揮できるのですが、逆に仲違いし始めると問題です。嫌々ながら仕事を続けた結果、ストレス性の胃潰瘍になったり、出社拒否になったりするのは、顕在意識と潜在意識が協調できていないことが原因にあります。

集中力を発揮するためには、この2つの意識を協調させることが不可欠です。その方法を知っているかどうかは、頭の働きをよくして、仕事で成果を上げられるかどうかの分岐点になるのです。その方法を順に説明していきましょう。

## 「私は○○する」と宣言する！

顕在意識と潜在意識を協調させるには、潜在意識を動かさなければなりません。**潜在意識を動かす第一の方法は、本気で取り組むことです。**

もちろん、遊びならいざ知らず、仕事であれば誰もが「自分は本気で取り組んでいる」というでしょう。でも、本当にそうですか？　日頃の自分を振り返ってみて、真剣に、１００パーセント本気になって仕事に打ち込んでいると、胸を張っていえるでしょうか？

そう尋ねられて、即座に頭を縦に振ることができる人は少ないと思います。日々仕事に追われていれば、処理することに精一杯で、重要な仕事であっても「絶対に成功させる」という明確な意志をもって取り組むことを忘れているかもしれません。

**気持ちが入っていないのですから、仕事でいい結果を出すのは当然、難しくなりま**

**す。「絶対成功させる」と明確な意志をもって取り組むなら、誰でも潜在意識を動かし、その力を引き出すことができるのです。**

しかし、「絶対成功させる」という思いを実行に移すのは、簡単ではありません。そのつもりはあっても行動が伴わないのはよくあること。そういう場合は、「火事場の馬鹿力」作戦といきましょう。

思考を挟む暇もないほどの緊急事態になれば、どんな人でも思いがそのまま行動として現われます。やや強引ではありますが、直ちに決行する以外に選択肢がないところまで自分を追い込むのも、潜在意識を活用するいい方法です。

「言葉」は、その意味やイメージを伴って潜在意識に記憶されています。また、言葉を口に出していうとき、その言葉を選ぶのも潜在意識の働きです。つまり、言葉を使えば、潜在意識を使うことになります。

言葉には「言霊」が宿るといわれるように、言葉に力があるとされてきたのは、思いや意志を口に出したり書き出したりすることで、意志がより明確になり、潜在意識の力を引き出すからでしょう。

**集中力を発揮したいときは、「私は、集中して○○をする」と、きっぱりと言葉にしましょう。仕事を成功させたいときは、「私は、この仕事を絶対に成功させる」と、明確に言葉に出して、宣言してください。**

折に触れて何度も繰り返し宣言します。何度も書くのも有効です。繰り返すときには、その決意を込めて行なうことが大切です。

また、他人に対して宣言することは、自分を追い込むことにもなり、さらに潜在意識の力を引き出す効力があります。

仕事でも勉強でも、取り組むときには、その目的や目標をきっぱりと宣言しましょう。こうして本気で取り組まざるを得ない環境を整えることによって、本気で取り組む姿勢が養われ、頭の回転がよくなり常に集中して取り組めるようになります。

## 「自己暗示」で潜在能力を引き出せ

誰にいわれなくとも私たちは、仕事に集中して取り組もうとするはずです。しかし、現実には雑念が湧いてくるし、物忘れもします。自分を思い通りにコントロールできません。顕在意識と潜在意識の間に壁があるために、潜在意識が顕在意識の思いと別の行動を取ってしまうからです。

見方を変えれば、**顕在意識の思いをストレートに潜在意識に伝えることができれば、自分自身を思い通りに動かせるということ。これに役立つのが「自己暗示」です。**

自己暗示は、フランス人のエミール・クーエによって始められたとされています。クーエはこの方法で、世界中から集まってきたあらゆる人の病気を治したそうです。顕在意識ではコントロールできない病気の治癒を、潜在意識に働きかけて治したのです。クーエの自己暗示の方法は、２段階に分かれていました。まずは、「私は、日ごとに、あらゆる点でよくなっていきます。どんどんよくなっていきます」と暗示をかけます。

続けて、それぞれの病気がよくなっていくという個別の暗示を与えていきます。最初の暗示で患者をリラックスさせて、潜在意識の受け入れ態勢を整え、次に具体的な暗示を与えているわけです。これを、集中力アップに応用しましょう。

自己暗示を行なうときは、考え込んだりせず気楽にやることが大切です。「暗示が本当に効くのだろうか」などと考えていては、効くものも効かなくなってしまいます。たとえば朝、歯を磨きながら、職場に向かって歩いているとき、電車での通勤途中に、次の暗示の言葉を繰り返します。①と②をワンセットにしてください。

---

①私は、日ごとに、あらゆる点でよくなっていきます。どんどんよくなっていきます。

②私には、優れた集中力があります。私は、私が望むことによって、いつでも、その集中力を十分に発揮することができます。

慣れてきたら、自分で目的に特化した言葉をつくるのもおすすめです。

## 「報酬効果」でモチベーションを上げる

集中力を発揮するには、目の前の仕事を達成しようとする意欲が欠かせないのは、何度も繰り返してきた通りです。つまり、意欲を喚起すれば、集中度は上がります。人の意欲を喚起するものとして一般的なのは、報酬です。それはお金に限らず、褒められるのが何よりの報酬と感じる人もいます。どのような報酬が効果をもたらすかは、人によって違うわけです。

だから、**自分で自分に最高のご褒美をあげることは、頭の回転をよくして集中力を上げ、モチベーションを上げるために有効です。**この仕事が終わったら、温泉旅行を自分にプレゼントする。この企画が通ったら、高級レストランでの食事というご褒美を自分にあげる。その瞬間の幸せな自分を思い描きながら、それを目指して仕事をすれば、多少の疲れは吹き飛びます。

しかし、どんな報酬も、繰り返し与えられるとそれに慣れてしまって、効果は落ちてしまうもの。つまり、自分で自分にご褒美をあげるのは、ある時点までは集中力アップに効果的なのですが、根本的解決にはならないのです。

では、効果が永遠に持続する報酬など、あるのでしょうか？　それは、心の内側から湧いてくる喜びです。「好きこそものの上手なれ」というように、好きなことをしていると楽しみながら集中もできて、上達が早くなります。

この効果を、仕事に生かすことができたら最高です。**仕事をすること自体が喜びであり、その仕事をやり遂げたときさらなる喜びを感じられるなら、それは最高のご褒美であり、集中力を持続的に喚起し、頭の回転をどんどん速くするための最高のパワーになります。**

たとえば、会議の資料を揃えるような単純な仕事でも、いかに速く終わらせるか、丁寧に仕上げるか、また使いやすいように工夫できることはないか試行錯誤して取り組めば自然と集中度も上がるし、目指した出来に仕上がった資料を目の前にすれば喜びを感じることができるはずです。

## 「瞑想トレーニング」で集中力を磨く

仕事をしながら集中力と頭の回転速度を維持する工夫として、まずは**「報酬効果」**を活用します。

①仕事が終わった後に手に入れられる報酬を思い浮かべます。たとえば、1日の仕事を終えて入るお風呂の気持ちよさや、風呂上がりに飲むビールのおいしさなど日常にあるほんのちょっとの幸せで十分です。

②認められることのほうが喜びが感じられる人は、仕事を達成して、同僚や上司からの称賛を浴びている自分を想像しましょう。

③今やっている仕事を創意工夫して達成し、喜んでいる自分の姿を想像します。

どのパターンでも、**嬉しかったり喜んだりしている気持ちをありありと思い浮かべることができたら、集中力は大いに喚起されます。**ただ、この方法は仕事をしながらできるというメリットがある一方で、イメージ力に左右されます。そこで、肝心かなめのイメージ力を養う**「瞑想トレーニング」**も同時に行ないましょう。これは、長時間の仕事でも集中を持続させる訓練にもなります。

①誰にも邪魔されない時間をつくり、自宅で椅子にゆったりと座りましょう。
②29ページのエクササイズの要領で、心地よくリラックスした状態をつくります。
③リラックスした状態で、報酬を与えられて楽しんでいる自分を思い描きます。休暇を満喫している姿、温泉で癒されている姿など、何でも構いません。できるだけリアルにその瞬間を感じられるようにイメージします。
④イメージの中で十分に楽しんだら、元の意識状態に戻りましょう。この瞑想トレーニングの目安時間は、約20～30分です。

## プレッシャーを味方につける法

大勝負に挑もうとするアスリートたちが、その直前にインタビュアーにマイクを向けられ「楽しんできます」と答えるのは、テレビなどでよく見聞きする光景です。さて、彼らは本当に楽しむだけで、緊張しないのでしょうか?

実は、**実力のあるアスリートや勝負のプロである人たちは、プレッシャーをうまく処理する術を心得ているの**です。

たとえば、大リーグで活躍するイチロー選手は、シーズン通算最多安打を記録したとき、「プレッシャーはなかったのか?」という記者の質問に対して、こう答えています。「ドキドキする感じとか、ワクワクする感じとか、プレッシャーのかかる感じというのは、たまらないですね。僕にとって、これが勝負の世界にいる者の醍醐味ですからね」(『この一言が人生を変える　イチロー思考』児玉光雄著/三笠書房《知的生きかた文庫》)。

素人には緊張の原因になるプレッシャーを、「醍醐味」と受け止められるのは、イチローがそれを利用して深い集中力を発揮しているからです。

将棋の世界で史上初の7冠を達成し、それ以降も記録を塗り替え続けている羽生善治棋士も、自著『結果を出し続けるために』（日本実業出版社）の中でこういっています。「指した手を取り戻すことのできない本番の緊張感、緊迫感こそが、自分の持っている能力を引き出してくれることは少なくありません。とことん追い詰められて、そこで初めて眠っていたものが呼び覚まされるような感覚です」。

勝負のプロたちは、こうしてプレッシャーを逆に利用し、集中力に転換する心の余裕を持っているのです。言い換えると、**プレッシャーを感じるとすぐ緊張で強ばってしまう人は、心の余裕がないのです。**

では、どうすれば心に余裕を持てるのでしょうか。

極度に緊張すると「頭が真っ白になる」などといいますが、そこまでではなくても、思考が先走って「あの人に期待されているから勝たなければいけない」「失敗したらみっともない」「ここで成功したら出世は間違いないんじゃないか」などと、あることないこと頭の中に湧いてきてしまうことは珍しくありません。**あることないことを考えてしまうのは、頭の働きが悪くなっている状態の最もわかりやすい例です。**

2009年、第2回WBCの決勝、対韓国戦の10回表でイチローは決勝打となったヒットを放ちました。しかしこのとき、イチローの思考は先走り、「ここで打ったらえらいことだな。打たなくてもえらいことになる。日本での視聴率もすごいだろうな」などと、頭の中で独り言が始まってしまったそうです。このときを振り返り、イチローはこう語っています。

「こんなことが頭に浮かぶときはろくな結果になりません。でも浮かんでしまった以上、消すこともできないから、こうなったらこの流れに便乗したれと思って、ちょっとした実況中継を始めたんです。『さあ、この場面でイチローが打席に入ります!』みたいにね」

こうして客観的に自分を見ると同時に、内面から自分自身を盛り上げていくことで、イチローはチャンスを見事にものにしたのです。プレッシャーを味方につける、まさにスーパースターならではの技です。

ビジネスの場でも、何が何でも力を発揮しなければならないのに、プレッシャーに追い詰められて思考がフリーズしてしまったり、逆に不安や焦りを煽る言葉ばかりが湧いてきたりすることがあります。

そういうときは、この**イチロー流「実況中継」**を真似て、自分の行動を実況中継してみましょう。テレビでお気に入りのスポーツ選手を応援しながら見ているような気持ちで、あるがままの自分の姿を言葉にするだけです。

「さあ、今まさに○○がプレゼンの壇上に立ちました！」

「さっそく最初の質問です！　○○はどう答えるのでしょうか？」

……一人芝居のようで、バカバカしく思う人もいるかもしれませんが、実際にやってみると「もしかしたら失敗するかも」「恥をかくかも」といった根拠のない不安や焦りの独り言が湧いてこなくなるだけでなく、自身を客観的に見ることができて集中力が増します。それと同時に、実況特有の臨場感が内面から自分を奮い立たせてくれるのです。

ぜひ実践の場で試してみてください。プレッシャーを逆利用して、それを集中力に転換することができるとても簡単な方法です。これを使いこなして、プレッシャーを味方につけ、追い詰められることを楽しめるようになれたら、無敵です。

## 「姿勢がいい人」は、必ず伸びる

さて、集中力を上げるということに関して、重要なポイントがあります。

それは、**「正しい姿勢をとる」**ことです。

世はパソコンとインターネットの時代です。欲しいものを机上で探し、その場で注文できるなど、情報のやりとりという点では大変便利になりました。だから、仕事も効率よく進むようになったと多くの人が感じているはずです。しかし、私たち人間自身の仕事効率は、必ずしも上がっていないのではないでしょうか。

10年ほど前から、私の教室に来る受講生の皆さんを見ていて思うのは、座ったときの姿勢が悪い人が多いということです。腰が立たないのです。立派な大人であり、とても体格がよくても、わずか1時間ほどの説明を聞く間も、じっと座っていることができない人もいます。

教育者であり哲学者でもあった森信三は、昭和30年代に子どもたちを見て、姿勢が悪くなったと指摘しました。その改善のために「立腰教育」を説いたのです。昭和30年代といえば、私が小・中学生だった時代のこと。確かに、「机に肘をついてはいけません」「頬杖をつかないように」と先生からよく注意があったのを覚えています。それ以前の年代の子どもたちと比べて、姿勢が悪くなっていたのでしょう。

しかし、現代はその比ではありません。20代、30代の若者たちが、腰を立てて座ることができません。腰と背中を丸くして、椅子の背もたれによりかかりながら、ディスプレイに向かって仕事をしている姿をよく見かけます。しかし、腰の立たないこの姿勢では、本来の集中力は発揮できないのです。

**子どもたちに「立腰教育」を行なうと、落ち着きが出て必ず集中力が向上します。すると、記憶力もよくなり、成績が向上する**のです。私の教室でも立腰姿勢を指導していますが、この姿勢なくして、高速で読書をするだけの集中力は発揮できないほどです。

立腰姿勢のポイントは、次の3つ。

①お尻を思い切り後ろに突き出す。
②反対に、腰骨をウンと前に突き出す。
③下腹に力を入れる。

これで肩の気張りがスカッととれます。机やパソコンに向かうとき、まずこの要領で立腰姿勢をとりましょう。よく集中できて、仕事の効率が上がるのを実感できるはずです。今まで腰を丸めた姿勢でいた人は、最初は10分も保てないかもしれませんが、正しい姿勢をとることは能力を発揮するための基本ですから、繰り返し練習して身体を慣れさせていきましょう。

## 「ディスプレイの高さ」にこんな秘密が

パソコンが普及しはじめた頃、ディスプレイを低い位置に置くパソコンデスクが流行しました。一方、液晶ディスプレイが開発されてからは、普通にデスクの上に置くことが多いようです。

集中するためには、ディスプレイは低いほうがいいのでしょうか？　高いほうがいいのでしょうか？

スポーツの場合は、上目遣いのポーズをとるのが一般的です。相撲のしきりも上目ですし、バッターボックスに立って下目に構える野球選手はいません。ところが、実際に仕事に集中できるかどうか試してもらうと、下目のほうが勝手がいいという人もいます。デスクワークは、スポーツのような一瞬の勝負ではなく、長丁場です。その点で違いがあるようです。

一般的に、**体力がありストレスに強い人は、上目タイプ。背もたれに寄りかかりリラックスして仕事をしないと疲れやすいという人は、下目タイプといえます。**あなたはどちらでしょうか？　自分のタイプに合わせてディスプレイの高さを調整するだけで、驚くほど集中力が変わってきます。ぜひチェックしてみてください。

## 「五感」をフル活用して集中する

さて、ここまでは、仕事に集中するためのテクニックについて説明しました。そこで、ここからは、あなた自身を**「集中力のある人間」に変えるトレーニング**について説明していきたいと思います。

トレーニングですから、すぐには効果がでないかもしれませんが、繰り返しているうちに、集中力が向上していきます。**集中力は意識的に集中しようとすることでしか鍛えられません。ですから、繰り返し集中することだけが、集中力のトレーニングになるのです。**

繰り返していると、集中するための道具である「五感」の使い方の要領がつかめてきます。手足や身体の使い方にも慣れてきます。そして**五感や意識による活動を通して繰り返し入ってくる刺激に応じて、脳に新しい回路がつくられていきます。**こうして、集中する能力が身につくのです。

ですから、決して結果を急ぎすぎないこと。また身体や能力は一人ひとり異なりますから、トレーニングのポイントも一人ひとり異なります。トレーニングによる効果にも個人差があります。つまり、自分のペースに合わせて各自で工夫していただくことが必要です。

## 「朝活」のすすめ

企業の経営者たちには、朝型人間が多いといわれています。
そのせいか、「朝型人間になると人生に成功する」ともよくいわれます。
ただ、朝型人間というのは、いわゆる体質的に「陽性な人」です。

陽性体質の人は朝は得意ですが、夜は苦手です。逆に、陰性体質の人は夜型で、朝は苦手です。また、陽性の人はエネルギッシュで行動的ですが、陰性の人はパワーを持続させるタイプ、行動するよりも思考するタイプです。そして、陽性の人は大将タイプ、陰性の人は参謀タイプですから、経営者に朝型が多いのは体質から考えれば納得できることです。

では、集中力という点から見ると、朝の時間帯は、眠っている間にストレスが解消されているので、頭がクリアな状態です。逆に夜は、昼間の出来事やストレスが雑念として浮かんできます。ですから、**より深く集中しやすいのが「朝」であるのは間違いありません。**

また夜は、残業や付き合いなど用事が入りやすい一方、朝は邪魔が入りません。この点も、集中するには有利です。人間は大自然のなかの一生物。自然とともに生きるのが最も合理的なはずです。

つまり朝は陽が昇るとともに起き、夜は陽が沈むとともに休むのが、健康面でも能力面でも、最善であるように思われます。ですので、やはり、**早起きをして、朝の時間帯を有効利用しない手はない**という結論になります。

そこで、朝の時間を活用するためのポイントを次に説明しましょう。

## 「朝型人間」になる9つの心得

### ①陰性体質を陽性に近づける、中性にする

体質が陽性の人は、すでに朝型になっているか、朝早く起きるのに苦痛を感じないはずです。

問題は陰性の人。白砂糖や甘い食品を食べないこと、常に腹八分目の食事をすることを心がけるだけで、陰性体質はかなり陽性方向へ変わります。運動を日課にして汗を流すことも、大きな効果が期待できます。

### ②空腹のまま就寝する

夜、就寝の直前には食事しないこと。消化器系を休めることは眠りの質を上げ、朝の気持ちよい目覚めにつながります。

### ③起床時間は、5時半を目安にする

太陽とともに生活するなら、昼と夜の長さが同じになる春分、秋分の日の「日の出の時刻」が起床時間の目安になります（住む地域によって多少異なります）。

### ④毎日同じ時刻に起きる

大自然にリズムがあるのと同様に、私たち自身にも体内リズムがあります。起床時間を、その一部として組み込むために、常に同じ時刻に起床し、身体に覚え込ませましょう。一定の時刻に起きるのを習慣にすることで、起きるのが楽になります。

### ⑤起きたらすぐに、深呼吸をする

目が覚めても、身体は完全に覚醒しているわけではありません。そこで、意識的に目覚めさせる必要があります。まず、大きく伸びをしましょう。体質が陰性に大きく傾いていると、朝目覚めても自然な伸びができません。ですから、布団の中で意識して伸びをします。続いて、深呼吸を3回繰り返し、眠っている間に身体の中に溜めた息を吐き出しましょう。

### ⑥起きたらすぐに、身体を動かす

朝は体温が下がっています。体温は代謝と関係していて、午後3時頃に最も高く、朝5時頃に最も低くなります。そこで、起きたらすぐに身体を動かし、代謝を上げ、血行をよくし、体温を上げたほうがいいのです。起きたらまず散歩に出たり、軽い運動をしたりして身体を温めましょう。目覚めた直後の身体がひどく固い人は、お風呂に入ってから軽く運動するのがおすすめです。

### ⑦起きたらすぐに、明るくする

睡眠中はメラトニンというホルモンの分泌が増加し、起きると減少することが知られています。メラトニンの分泌を左右するのは、太陽の光です。目覚めたらすぐにカーテンを開け、できるなら窓を開けて、太陽の光を取り込みましょう。

まだ夜が明けていない場合は蛍光灯でいいので、できるだけ明るくします。最近は、朝の光に近い光を出す電球や、太陽光に近いスペクトルを持つ蛍光灯も販売されていますから、ぜひ利用してください。

## ⑧起きたらすぐに、顔を洗う

目が覚めたら、身体を目覚めさせるだけでなく、脳も活性化させねばなりません。私たちの能動的な活動の中枢は、前頭葉です。多くの動物の中で人間だけが前頭葉を大きく発達させたことからもわかる通り、私たちの意識活動、つまり感情・意欲や集中力の中枢です。その意識活動は表情として現われます。ですから、顔を洗って表情筋を刺激することで、目が覚めるのです。

## ⑨起きたらすぐに、眼球を動かす

表情筋と同じように、前頭葉の活動と密接に関係しているのが、眼球の動きです。「目は口ほどにものをいい」といわれるのは正しいわけです。目覚めたら、布団に寝ころんだままでいいので、眼球を左右に大きく回しましょう。2、3回ずつ回すだけで、意識がハッキリしてくるのを感じます。

私は学生時代、慢性腎炎という病気だったため、朝起きるのがとても苦手でした。目覚まし時計をかけたにもかかわらず、定期試験の当日、朝起きることができず、英語の単位を落としたこともあります。

現在は仕事上、帰宅が夜中になることが多く、朝型というわけではありませんが、短い睡眠時間で楽に起きることができます。体質を変えたことによる効果ですが、あの当時と比較すると、自分でも信じられないほどの変化です。朝型に変えても、しばらくは、昼の間に眠気を感じるかもしれません。そのときは、昼食後に15分程度の仮眠をとるといいでしょう。

## 「目の使い方」はこれほど大事

「目は心の窓」といいますが、実際に心の緊張は目に現われます。

また逆に、目の動きが硬くなることで、心を緊張させ、集中力が低下し、結果、頭の働きが悪くなります。

わかりやすい例が老眼です。早い人は30代後半から老眼になりますが、老眼になると目を内側に寄せる筋肉の柔軟性が低下し、近いところに焦点を合わせるのが難しくなります。それでも近くを見ようとすると、力を入れて目を寄せ、緊張させなければならず、目がとても疲れます。目が疲れれば焦点は合わせづらくなり、ますます疲れます。

こうした目の緊張や疲れは、首や肩を緊張させて肩こりを引き起こすだけでなく、ときに内臓まで不調にすることもあります。

また、左右どちらかの利き目が極端な人の場合、利き目だけでものを見ていることもあります。利き目でない方の目線は、対象から外れてしまいます。このような見方をしていても、情報を読み取ることはできますが、距離感が取りづらくなります。たとえば、階段を下りるとき距離感が不安定で足下がおぼつかなく感じたりします。キャッチボールなどでボールを受けるのが苦手な人は、こうした目のクセがあるかもしれません。

**意外かもしれませんが、目の状態をよくしておくことは、集中力を高め頭の回転をよくするための重要ポイントなのです。**

老眼になるのを防ぐことはできませんが、眼筋を柔軟にすることで、その影響を最少限に抑えることは可能です。

視力の弱い人は、メガネやコンタクトの度を適正にしたり、メガネのフレームのゆがみを直したりするだけでも、十分効果があるはずです。

その上で、次のエクササイズに挑戦してみましょう。

---

①目をギュッとつむり、大きく開けることを、数回繰り返します。

②できるだけ視野の端を見るように、目を左右に3～5往復動かします。眼球を速く動かしたり、力を入れたりせず、「見よう」という意識で動かします。

③同じ要領で、目を上下方向・右上と左下・左上と右下に動かします。

④片目ずつ左右交互に、両目の間、鼻の上方の一番低いところを見ます。焦点は合いませんが、眼筋が柔軟であれば目線を持っていくことはできます。

⑤視野の端を見ようとしながら、目を大きく回転させます。右回り左回りを交互に、3～5往復繰り返します。

⑥最後に、目を休めます。目やまぶたから力を抜いて半眼にします。30～50秒、目を下に向けて休めます。

朝目覚めたらすぐに、布団の中でこの眼球運動を行なうと頭がはっきりするのを実感できるでしょう。ぜひ日課にしてください。

## 「眼力」をつける簡単トレーニング

私の指導している「速読脳開発プログラム」では、**「眼力」**を養うことに重点を置いていることは前著『「1冊10分」で読める速読術』（三笠書房《知的生きかた文庫》）でも述べました。眼力とは「見続けることのできる目の力」です。

ある人が、夜空を指してＵＦＯが飛んでいるといいました。しかし、同じ場所に居合わせた人はそんなものは見えないといいます。そこで、超高速カメラで撮影したところ、ほんの数コマだけＵＦＯらしきものが、位置を変えて映っていたのです。つまり、目にもとまらぬ速さで何かしら飛んでいたことは間違いありません。

実は、かなり前にテレビ番組で取りあげられていた内容なのですが、これが物語っているのは、「見る力」は視力がよいか悪いかということではなく、集中の問題なのではないかということです。もっとも、ＵＦＯらしきものが見えなかった人も、見ようとはしていたはず。集中していたはずです。それなのに、なぜ見えなかったのでしょうか。

その答えは、私たちの目はずっと見続けることができないという点にあります。**じっと見続けているようでも、実は「見ることに集中しては、次の瞬間途切れる」という見方を繰り返しているのです。**

普段、私たちが本を読むとき、目は視線を止めたり、飛ばしたりして、行の文字を順に追っていきます。専門用語では、目が止まるのをフィクセイション（停留）、飛ぶのをサッケード（飛越運動）と呼びます。

文字を読み取るのはフィクセイションのときであり、サッケードのときは文字を読み取ることに集中していません。これをサッケード・サプレッションといって、いわば集中力の途切れた瞬間なのですが、100分の2～3秒程度の出来事なので、本人も気づかないのです。

しかし、ほんの一瞬の途切れであっても、速読中に起こるのは大問題。読み飛ばしの原因になります。そこで、「速読脳開発プログラム」では、サッケード・サプレッションをなくすトレーニングを行なうのです。この眼力を身につけて初めて、1分間に1万字以上の速さで読書ができるようになります。

ここでは、眼力開発のための最もシンプルなトレーニングを紹介しましょう。

---

①椅子に座るか、正座します。

②適当な大きさの白い紙の真ん中に、直径5ミリメートルほどの黒い丸をひとつ描きます。その紙を、目の高さのところで壁に貼り、黒い丸を見つめ続けます。

③このとき、焦点が合っている状態で見つめ続けます。焦点が合わないまま、ボーっと見ないようにしてください。
④雑念が浮かんできたら、それは見ることに集中していない証拠です。意識を切り替えて、黒い丸を見ることに集中を戻してください。
⑤じっと見つめていると、目が痛くなり、瞬きしたくなるかもしれません。瞬きしても構いませんが、できるだけ回数を抑えるようにしてください。
⑥トレーニングを何度も繰り返し、瞬きをせずに、3分間、集中して見続けられるようになるのを目指します。

このトレーニングをするだけでも、読書スピードが速くなり、日常の集中力が強化される効果があります。視力の改善にも役立ちます。

## 「4つのこと」に同時に集中する方法

ノーベル賞を二度受賞したキュリー夫人は、子供の頃、姉たちが周りに椅子を積んで遊んでいても気がつかないほど勉強に集中していたそうです。この逸話からも象徴されるように、世間一般に「集中力のある人」というとき、それは集中すると外界を一切遮断して音も声も聞こえなくなる人、というイメージを抱く人が多いようです。

確かにそれは深い集中状態ですが、周囲の変化にさえ気づかない視野の狭い集中だけが「集中」ではありません。たとえば、レストランのチーフはお店全体を見ながら、お客様や配膳係の動きに注意を払い続けます。これは「視野の広い集中」状態です。子供であれば、ひとつのことに夢中になり、周囲も目に入らないという集中の仕方でもいいのですが、大人がそれでは仕事が進みません。同僚や上司から声をかけられているのに、すぐに応えられないような状態では、仕事にも支障が出ます。

**目の前の仕事に集中すると同時に、そのほかの関連する何かや周囲の状況にも注意を払うことができる。集中する対象を、五感で把握できる外の世界と、自分の内面世界との間で自在に切り替えることができる――**こうした集中力のある人が、頭がいい人であり、仕事ができる人です。

もう少し整理すると、仕事を進めるのに必要な集中力は、外と内の2つの世界において、広狭2つの対象があり、組み合わせると4つに分類できます。つまり、**仕事ができる人は、4つの種類の集中力を自在に使いこなせる人**なのです。

たとえば、プロのサッカー選手は、ボールに集中すると同時に、味方の選手、敵の選手がどこにいるか、どの方向に、どのくらいの速さで走っているかを把握しなければなりません。ボールへの集中は「外の世界の狭い対象」であり、状況の把握は「外の世界の広い対象」に対する集中です。

さらに、外界の情報をもとに、今自分ができることと、チームに勝利をもたらすために全体の動きのなかでなすべきことを、ともに瞬時に判断しなくてはなりません。前者は内面世界の狭い対象であり、後者が広い対象です。

この情報処理を的確にできるのが優れた選手の条件であり、感動的なパフォーマンスの陰には、4つの種類の集中力があるのです。

## 「4つのこと」を同時にこなす集中力

### たとえば優れたサッカー選手は――

| | 外の世界 | 内の世界 |
|---|---|---|
| 広い対象 | 味方の選手、敵の選手のポジションの把握 | 全体の動きの中でなすべきこと |
| 狭い対象 | ボールへの集中  | 今、自分にできること |

## 心と身体の「視野を広げる」練習法

「視野」という言葉はもともと、目で見ることができる外界の範囲を意味する言葉ですが、視野が広い、狭いというときは、知識や考えの及ぶ範囲についても意味します。こうした使い方がされるのは、思考や行動の多くが、視覚と関係しているからではないでしょうか。

**視野の広さは、心の状態によって変わります。**どこまでも広がる海を眺めれば、心はリラックスして視野は広がります。試験などでは視野を狭く使うので、心も緊張しがちです。このように外界の視野は、リラックスしているときには広く、逆に緊張しているときには狭くなることが体験的にわかります。

私が多くの人を指導して思うのは、外界に対する視野が狭いと内面世界でも狭く、外界に対して広いと内面世界でも広い傾向があることです。知識が豊富で理解力があり、物事を肯定的に捉え、落ち着きのある人は、広い視野を持てます。
ということは、視野を広く使えるようになるためには、目をトレーニングするだけでなく、知識やものの考え方を学び、精神的な強さを身につけることも必要だということです。

もっとも内面を充実させるには、かなり時間がかかります。そこで、ここでは外界に対する視野を広げるトレーニング法をご紹介しましょう。読者の皆さんには、このトレーニングを行なうと同時に、知識を学び、思考して、頭の回転をよくしながら自分の内面を磨くことを、常に心がけてほしいと思います。

---

①街を歩きながら、自分がどのように外界を見ているかを観察する……看板を見たり、車を見たり、すれ違う人に目がいったり、視点が次から次へと移っていくはずです。それはほとんど無意識的に行なわれているでしょう。それが、多くの人のものの見方であり、視野を狭く使っている状態です。もし、うつむいて地面ばかり見ているようなら、かなり視野が狭くなっている可能性があります。

②同じく街を歩きながら、遠くの一点を見る……目を細めたりせず眺めるように見て、同時に遠くから近くまで目の端に入る映像も感じながら、歩きます。すると、映画でも見ているかのように、視野全体に映っている像が動いて近づいてくるのを感じるはずです。これが視野を広く使っている状態です。

③①の視野の狭い見方と、②の視野を広くした見方を、交互に繰り返す。

## 「ゾーン感覚」とは何か

集中力を身につけるトレーニングの方法をいろいろな観点から述べてきましたが、では、その集中力が発揮されると、一体どうなるのでしょうか?

スポーツの世界では、アスリートが最高のパフォーマンスを発揮できる理想的な状態のことを、「ゾーン」と呼びます。プレー中ゾーンに入ると、後になって本人がそのときのことを振り返ってみても、どうしてそれほど素晴らしいプレーができたのかわからないのだそうです。

「ゾーン」という言葉を日本で初めて紹介したのは、プロゴルファーのデビッド・グラハムが著した『ゴルフのメンタルトレーニング』ではないかと思います。グラハムはその著書のなかで、自身がチャンピオンに輝いた1981年の全米オープンで、ゾーンに入った体験を解説していますが、要約すると次のような出来事だったそうです。

「私が優勝した全米オープンを、人生で最も記憶に残った試合だろうと思っている人が多いようですが、実は、あの1日のことをよく覚えていないのです。ゾーンに入っていたと後で気がついたのですが、あらゆることが夢見心地で静かに経過し、まるで催眠にかかったようでありながら、心も身体も完全にコントロールできるのです。そのときの私は、精神的にも肉体的にもまるで自動操縦されているような感じでした。思考は明晰で完全にコントロールされ、しかも決断力に富んでいて、私がバッグからクラブを引き抜き、ただスイングするだけで、イメージ通りの球が飛んでいくという具合でした」

心も身体も完全にコントロールできているのに、自動操縦されているような感覚とは、一体どんなものなのでしょうか。実は、私が開発した「速読脳開発プログラム」でも、上級者になると似たような感覚を経験することがあります。

たとえば、5分で1000ページ余りを読んだある受講生は、「とても深く集中して読めました。誰かが私の手を動かして、ページをめくってくれているようでした」と感想を述べました。5分で1000ページ読むということは、1秒間に2回ほどページをめくる速度ですから、普通は何度かめくりに失敗します。しかしゾーンに似たこの感覚に入ったときは、理解することに深く集中できるだけでなく、ページめくりもまったく失敗しないのです。

こういう読み方ができたとき、「すごくゆっくり読んだつもりなのに、まだ3分しか経っていない！」と驚く人もいます。**時間感覚が変わるのも、ゾーンに入ったときの特徴**のようです。読者の皆さんも、ゾーンに入ってみたいと思いませんか。ゾーンに入って仕事ができたら、今までよりずっと手早く、疲れず、内容の充実した仕事ができるはずです。

グラハムも、自ら体験した「ゾーン」という不思議な感覚に興味を持ち、どうしたらゾーンに入ることができるのかを研究しました。その結果は、前掲書にまとめられていますから詳しくはそちらを参考にしていただきたいと思いますが、簡単に解説すると次の通りです。

**①冷静沈着**……周りで何が起ころうと心は落ち着いている。
**②肉体的なリラクゼーション**……筋肉に緊張感がないとき素晴らしい力を発揮する。
**③恐れのない心**……過去を悔やまず、未来に不安を持たず、現在の一点に集中する。
**④エネルギー**……絶対肯定的で前向きに構えることで、注意深く、熱意を持って事に当たることができ、素晴らしい力を発揮できる。
**⑤楽天的な態度**……絶えずいいことが起きると考え、気楽にプレーする。
**⑥プレーを楽しむ**……勝負よりもゴルフそのものを楽しむ。
**⑦淡々とプレーする**……いろいろなことにとらわれずにプレーする。
**⑧オートマチックなプレー**……どんな条件下でも自分のリズムをつくり、それを保

ち続ける。

**⑨油断のなさ**……周りの環境に対して、あらゆる面から総合的に注意を払う。

**⑩自信**……自分を信頼できる自信をつくり上げる。

**⑪コントロール**……どんなことが起ころうと感情と状況をコントロールする。

これはゴルフに特化した要点ですが、「プレー」を「仕事」に置き換えれば、そのまま日々の仕事に応用できます。このポイントをひと言でまとめると、「感情や周囲の状況にとらわれず、集中できるようになること」。

つまり、何かにとらわれるのをやめて常にリラックスした状態をつくり、集中力を身につけることであり、まさにこれまで紹介してきたトレーニングを実践すれば実現可能なことばかりです。

もちろん努力は必要ですし、一朝一夕にはいきませんが、具体的な要点やトレーニング法はすでに本書で各種説明済みです。

そこで、読者の皆さんがゾーン体験を自分のものにできるように、最後の仕上げとして、**「集中感覚をつかみ、集中状態にすばやく入るための練習法」**について、次に説明しましょう。

ゾーンに入ると時間の経つ感覚が変わることは前述しました。わかりやすくいうと、何かに夢中になって時間を忘れてしまう感覚と似ています。そこで、「夢中になれる」をキーワードにして、集中できるものを探していきましょう。

## 「夢中になれる何か」を持とう

**①夢中になれる曲を聴いて、集中感覚をつかむ**

自分の好きな音楽のなかでも、特に夢中になれる曲を選んでください。頭の中で曲を思い出してみて、うっとりと心から浸れるものを選びます。

**②夢中になれる絵を見て、集中感覚をつかむ**

私は中学生の頃、切手を集めるのが趣味でした。机に向かっても、教科書ではなく、切手のストックブックを開いて、いつまでも眺めていました。小さな1枚の切手の絵柄を隅から隅まで眺めては、幸福感に浸っていたのです。そうして1時間や2時間を過ごしてしまうこともありました。

今になってわかるのは、それが時間の無駄ではなく、集中力のトレーニングになっていたということです。絵画を鑑賞するのが好きな人が多いのは、その絵に入り込んだときに、快感や幸福感を感じるからだと思います。それが集中している感覚です。

夢中になれるものであれば何でも構いません。絵葉書でもいいし、本の挿絵でもいいでしょう。いつどこで見ても、必ず夢中になれる絵を選んで、それをきっかけにして集中状態に入るようにします。

**③集中状態に入ったときを思い出し、同じ集中状態を再現する**

どのような形であれ集中できたときの記憶があれば、そのときの気持ちや集中状態を思い出してみます。集中のきっかけを再現できるなら実際にやってみて、同じ集中状態をつくり出し、それから今集中しようとしていることにとりかかります。

# 3章

# 実感、記憶力がどんどん強くなる!

## ――頭がいい人、仕事ができる人の「覚える技術」

## 記憶力がいい人＝仕事ができる人！

誰もが「頭のいい人」にあこがれます。

では、何をもってその人の頭がいいか、悪いかを、判断しますか？

たとえば、自分の知らないことや、まさか知っているはずがないと思ったことを知っていたら、「この人は頭がいい！」と驚くはずです。打てば響くように答えが出てきたら、「頭の回転が速いな」と感心します。つまり、**「記憶力がいい人」というのは、頭がいい人、頭の回転が速い人の筆頭である**といえそうです。

ということは、競争相手に差をつけたいと思うなら、記憶力を磨けばいいのです。勝ち負けで考えるのは緊張の原因になるのでは……？　そう思った読者がいそうですが、確かにこの考え方は行きすぎると好ましくありません。

しかし、現実の世界は競争で成り立っています。個人も組織も、その能力を磨き、向上させて生き残ることが、よりよい社会をつくるために求められています。そして、個人レベルにおいて、磨くべき能力として第一に挙げられるのは「記憶力」です。

**記憶力とは、後天的に磨けるものなのでしょうか？**
**方法さえ知っていれば、誰でも、何歳からでも記憶力を強化することができます。**

その方法を解説していきましょう。

## 何歳からでも記憶力は強化できる

私の受講生に、古典落語を習っている人がいます。話を聞いたところ、初めて落語を覚えるときには、とても長い時間がかかったそうです。しかし、2つ目の落語を覚えるときには、初めの3分の2の時間で、3つ目は最初の半分以下の時間で覚えたそうです。記憶する能力自体が、使うことで向上していく証拠です。

しかし、これは記憶力に限らず、すべての能力について一般的にいえることです。生物がある機能を使うということは、「その機能が生きていくために必要だ」というメッセージを、その生体に伝えているわけです。もし2回続けて使ったら、その機能の必要性は高いと生体は判断するでしょう。さらに繰り返し使ったら、いつでもすぐに使える機能にしなければならないと判断するはず。

このようにして、生体にひとつの機能・能力が身についていくわけです。

これは年齢に関係ありません。生きている限りいえることです。

『「1冊10分」で読める速読術』（三笠書房《知的生きかた文庫》）でも紹介しましたが、上智大学名誉教授の渡部昇一氏は57歳の時、記憶力の低下を防止しようとラテン語の名言や格言を暗記することを始めました。暗記するページのコピーを持ち歩き、移動する車中の時間を暗記する時間に充てたのです。

数年間、この暗記を続けていったところ、途中で、記憶力が全般的によくなったのを感じたといいます。若い頃に覚えるのが苦手だった漢文や漢詩も、10分ほどで覚え

## 「記憶力」は使うほど鍛えられる

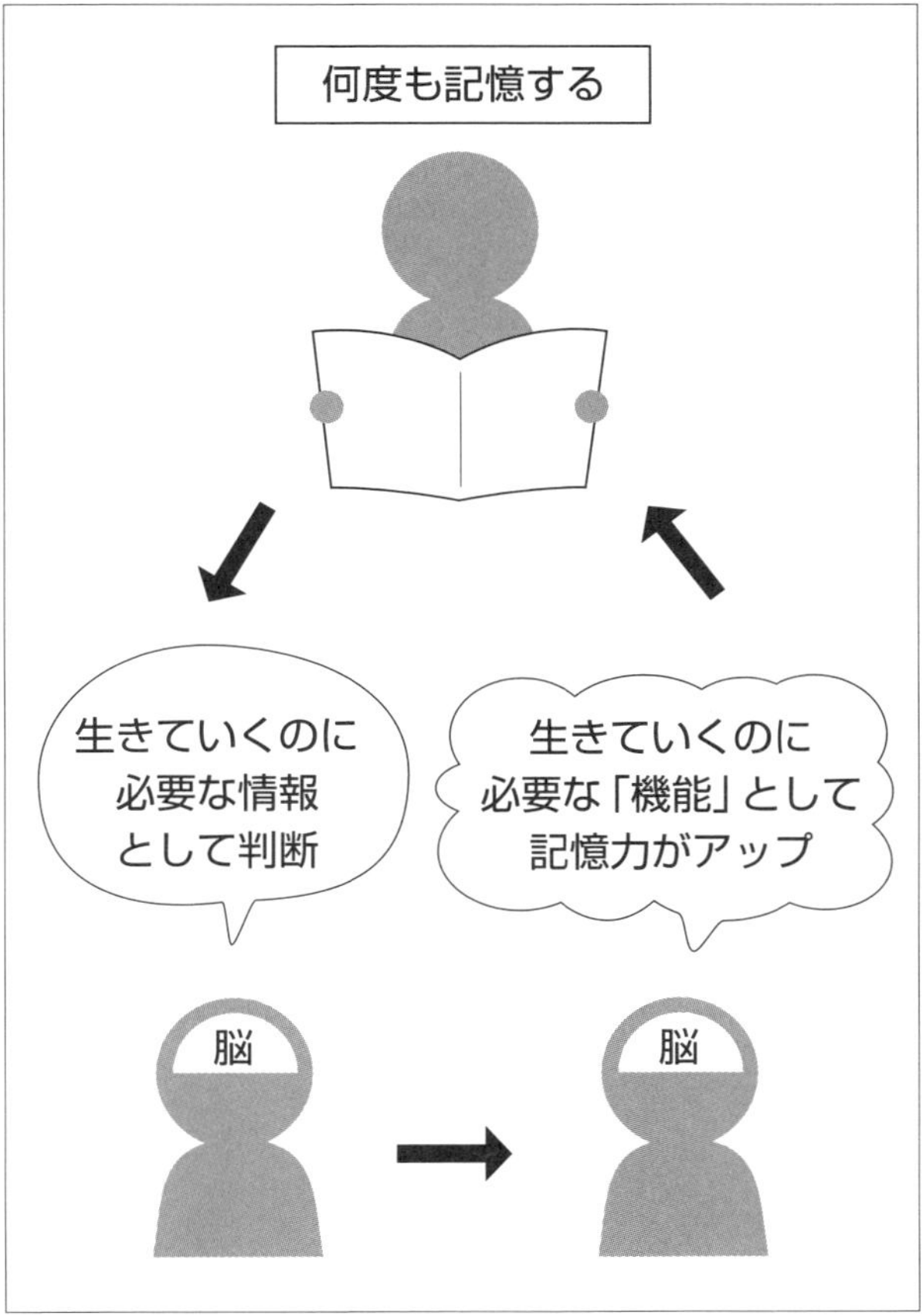
何度も記憶する
生きていくのに必要な情報として判断
生きていくのに必要な「機能」として記憶力がアップ
脳
脳

られるようになりました。記憶力の低下を防ぐために行なった暗記が、記憶力を増進することにつながったのです。

渡部氏は後に、このとき覚えた内容を生かして本も著してしまいます。80歳にしてなおかくしゃくとして講演や執筆に活躍され、後進の指導に当たることのできる能力は、この暗記力を背景にしているといえるでしょう。

一方、「老人性ボケ」のほとんどは、使われなくなったために、その機能が低下したり、失われたりすることで起こるといわれています。記憶力も筋力と同じように、使うことで維持し、強化できるものなのです。

そうとわかったからには、鍛えない手はありません。

記憶力をフル稼働し、頭の回転速度をアップしましょう。

記憶というと、思い出されるのは受験勉強。興味のないことも無理矢理覚えなければならず、自分の人生もかかっていましたから、苦痛だったかもしれません。だけど、そのために記憶すること自体を苦手に思っているとしたら、もったいないことです。

ここでは、楽に覚える方法を実践し、記憶への苦手意識を克服しましょう。

## こんなに長い文章だって覚えられる！

①記憶したいものを選びます。興味があって、「あれを暗唱できたらいいな」と思うものを選んでください。たとえば、歌詞、詩、名言・格言、名文、落語、お経、祝詞《のりと》、英会話など。「これを暗記できたら、ちょっと驚く」と思えるくらいの長さのものを選びます。また、選んだ文の意味は曖昧にしておかずに、正しく理解しておきましょう。

②「覚えなければいけない」とは考えないこと。そう思うと、義務感で覚えることになり、嫌になってしまいます。見聞きしたものはすべて、潜在意識の記憶の倉庫に自動的に入っていますから、必ず覚えられるという確信を持って挑戦しましょう。

③覚えようと選んだものを、1日に最低1回、毎日読みます。覚えようとか、覚

えたかどうかチェックしようとせずに、ただ日課として繰り返します。
④およそひと月の間、毎日繰り返すと、その一部が口を突いて出てくるようになります。すると、口を突いて出てきた言葉の前後を知りたくなります。そしたら、もとの文を見て思い出してください。自然と思い出せるなら、すでに暗記できていることになります。
⑤この段階までくると、全部を覚えてしまうのは難しくありません。そうしたいと思ったらやってみましょう。しかし、毎日1回以上読むことは必ず続けます。
⑥やがて、嫌でも完全に記憶して、抵抗なく暗唱できるようになりますから、そこまで続けます。かなり長い文章も、この方法で記憶することができます。
⑦「門前の小僧、習わぬ経を読む」といいますが、ここで説明したのはその小僧さんが実践した方法です。この方法なら、誰でも、長い文章を暗記することができます。

「暗記するのが苦手」という人は、覚えようとするとき、無意識に緊張しがちです。その点、この方法は緊張することがないので、誰にでも可能です。長い文章を暗記して、記憶することに自信を持ってほしいと思います。

## 記憶力を確実に高める「5つの鉄則」

私たちが「記憶」といっている機能は、次の3つの過程から成り立っています。

**①記銘……覚える**
**②保持……保つ**
**③想起……思い出す**

この3つの過程がすべてうまく機能すると、優れた記憶力を発揮できます。ただし、その人の「記憶力がいい」かどうかを決めるのは、最後の過程「想起」です。思い出せなければ、記憶力をうまく使えていることにならないからです。

そもそもきちんと思い出すためには、覚えて、覚えたことを維持することが前提にあります。この前段階で工夫し、その能力を鍛えておかなければ、思い出そうにも出せるものがない、という状態になってしまうわけです。

ちなみに「保持」の過程は、脳の中で無意識的に行なわれるので、直接鍛えることはできません。保持を確実にするには、繰り返し覚えることが唯一の方法です。


こうして分析していくと、結局「保持」と「想起」を決定づけるのは、「記銘」であるとわかってきますね。記憶力を強化する第一のポイントは、覚える能力を強化することなのです。

では、「記銘」を強化するには、どうすればいいのでしょう？

そのコツは次の4つに整理することができます。

**①反復……繰り返しに勝る「覚え方」はない！**

記銘を強化するためには、記銘を繰り返すことが何よりも効果的です。覚えるためのポイントをひとつ挙げるとすれば「反復すること」です。その根拠は、「エビングハウスの記憶保持曲線」で説明することができます。

## 「記憶力」を鍛える鉄則

### 記憶の過程

step1　記銘（覚える）→ step2　保持（保つ）→ step3　想起（思い出す）

↑

**ココの強化が記憶力を決定づける**

強化法①　反復して覚える

強化法②　リラックスする

強化法③　理解を深める

強化法④　とことん集中する

この曲線は「忘却曲線」とも呼ばれ、時間が経過したとき、一度記憶したものを、どの程度保持しているかを調べた実験結果です。縦軸が覚えている割合、横軸が時間を表わします。つまり、この曲線は人が記憶して19分後には60パーセント、63分後には45パーセント、31日後には21パーセントしか覚えていないことを示しています。

逆に、19分後に復習すると、38分後でも84パーセントを覚えており、38分後にもう一度復習すると、57分後でも94パーセント覚えていられることがわかります。もし復習しなければ、63分後には45パーセントしか覚えていないわけですから、復習を2回することで記憶量がほぼ倍に増えることがわかります。

エビングハウスの曲線は、あまり時間をおかずに繰り返し反復することが、記憶力アップに効果的であることを示しています。

## ②リラックス……自分の気持ちに素直になろう

緊張すると能力を十分発揮できなくなることについては、1章で述べました。それ

## エビングハウスの忘却曲線

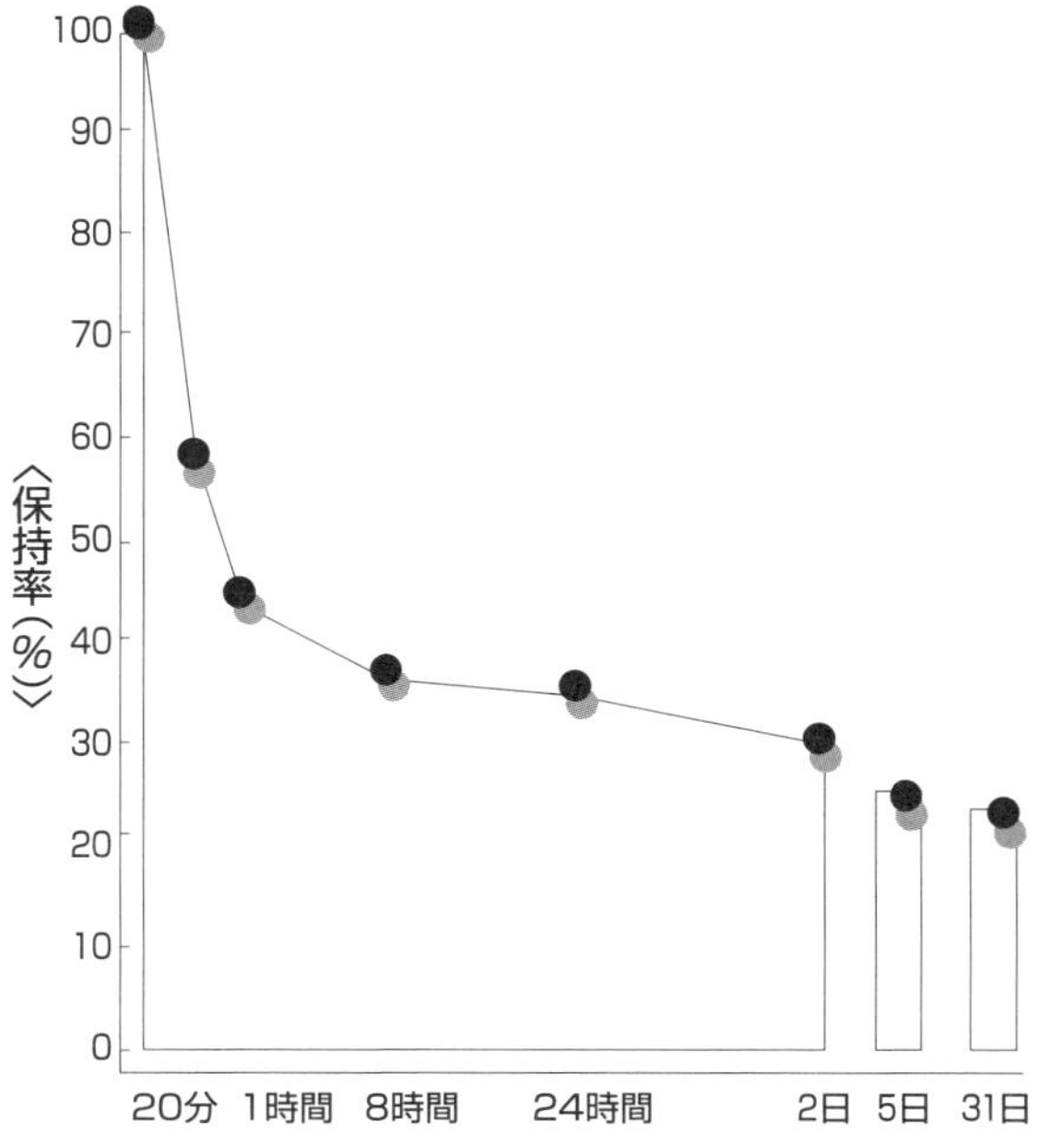


このグラフは、エビングハウスが自らを被験者として行なった記憶の実験から得られた忘却曲線。情報は初め急激に忘却され、その後は緩やかに忘却される。

は記憶力にも当てはまります。記憶するときは、子供のように恐れのない、無邪気な気持ちを持つことがポイントです。

記憶に残りやすいのは、関心のあること、意欲をかき立てられること、感情が伴うことです。これらの情動が伴うと集中しやすく、覚えやすいというのは、体験的に納得できると思います。

しかし、社会に出ると、人は関心があってもないフリをしたり、意欲があっても周囲に遠慮して控えめに振る舞ったり、嬉しくても顔には出さなかったり、心の中では怒り心頭でも笑顔で対応したり、ということが少なくありません。社会生活をうまく乗り切るために、自分の思いや感情を抑えつけてしまいます。

こうした意識の使い方は、当然ながら緊張をもたらします。また、緊張が日常化すると、怒りや不満、嫉妬の感情が大きくなりすぎて、面白くない出来事ばかり強く記憶に残ってしまうような状況になりかねません。心をおおらかに持って、素直に自分の感情を表に出しながら生きるのを楽しんだほうが、記憶力の向上には役立つのです。

## ③理解……思い出すための「ヒント」を用意する

記憶は、数分で消える「短期記憶」と長期間保存される「長期記憶」に分類されます。さらに長期記憶は、体験談のようにストーリー性のある「エピソード記憶」、体験とは関係なく知識として覚える「意味記憶」、手順のように身体で覚える「手続き記憶」に分けられます。

エピソード記憶は、誰にとっても忘れにくい記憶です。一方、意味記憶は、受験勉強にまつわる苦い記憶が誰にでもあるように、とても忘れやすいもの。しかし、資格を取ったり、仕事を進めたりするために不可欠でもあります。

いい換えるなら仕事の成功は、意味記憶として知識をどれだけ大量に、かつ正確に記憶できるかにかかっているわけです。そのために「記憶術」を駆使するなど、覚えるための工夫がこれまで様々になされてきました。

記憶術を使ったテクニックは後で述べますが、覚えやすくする第一のポイントは、覚えようとする知識についてきちんと理解することです。きちんと理解するとは、それがイメージできるということ。これについても後に詳しく説明しますが、イメージ化を徹底すると、覚えるのが容易になります。さらに、きちんと理解すれば、その知識と関連する知識や、類似概念との関係がつかめます。だから、思い出そうとするとき、思い出すきっかけがたくさんあって想起しやすくなるのです。

## ④集中力……ひとつのことをトコトン追求してみる

目の前にやるべき仕事があっても、集中し続けるのは簡単ではありません。次々と雑念が浮かんできます。何かを覚えようとするときもそうです。特に意味記憶などは、覚える対象が曖昧な概念であったり、はっきり目に見えるものでなかったりするので、意識的に集中しようとしても難しいのです。

一方で、度肝を抜かれた経験とか、腹を抱えて笑ったこと、腰が抜けるほど怖い経験など、感情を伴った出来事はよく記憶しています。その瞬間、強く関心を引かれたからです。あるいは、打ち込んでいる趣味についての知識など、自分が一生懸命になって達成しようとしていることに関係していれば、自然と覚えられます。

強く関心を引かれたときや、興味を持ったときは、それに集中するからです。逆に、やりたくもない仕事だったり、関心が持てなかったりすることに関しては、集中力が湧いてきません。だから飲み込みも遅くなります。しかし、それをよしとしていたら記憶力も鍛えられないので、自分の世界を広げ、様々なことに興味を持てる自分を育ててください。

自分の世界を広げるというのは、手当たり次第何でもやるというのとはちょっと違います。むしろ、今やっていることをもっと本気になって追求するのが一番です。たとえば、私は「速読力」という人間の能力を追求しています。これは読書としての速読ですから、学問でいえば読書心理学や認知心理学が関係してきます。また、速読を指導する立場として、教育学や教育心理学にも興味があります。

速読は視覚機能の開発が決め手ですから、眼科学の知識も必要になりますし、脳科学や神経心理学、認知科学にも精通しておかねばなりません。身体に問題をかかえて本来の力を発揮できない受講生もいるので、医学や健康学、体力をつけるためにスポーツや武道、禅などにも興味を持っています。このように、速読というひとつの柱を軸として、興味の範囲はとてつもなく広がっていくのです。

## 右脳の記憶容量は左脳の10万倍！

覚える力を強化するポイントは、たくさんのことに興味や関心を持つ自分になり、いきいきと生きることです。そこで、自分が何に興味や関心を持っているのか、一度チェックしてみましょう。

---

①若い頃や学生時代に興味を持っていたことで、心の奥にしまい込んでしまったものはありませんか？　それを引き出して、再開・実行してみましょう。

②今やっていることで、さらに本気で追求・探求したいこと、その価値があると

思うことはありますか？　あるなら、さっそく実践を開始します。
③これから実現したいことを、書き出してみましょう。そして、実現した自分を想い浮かべ、それに向かって一歩踏み出しましょう。
④こうすることで、不満の原因や自分を制限していたものから自分を解放することができます。その結果、素直に自分の興味や関心を表現できるようになり、毎日の生活がいきいきと楽しいものになるのです。それが、自然な集中力をもたらします。

---

資格をとりたいけれど、記憶力がなくて勉強しても覚えられない……。そういう人は、言葉だけをそのまま記憶にたたき込もうとしているようなところがあります。それは、たとえるなら、今歩いている道を直進すれば目的地にたどり着くのに、あえて脇道にそれて遠回りするようなもので、簡単にできることを、わざわざ難しくしています。

左脳は言語、右脳はイメージを司ることはよく知られていますが、**記憶容量や情報**

**処理能力速度は、右脳が左脳の10万倍ある**といわれています。言葉を覚えるときには当然、左脳を使うわけですが、**要領よく覚えるためには右脳の機能も活用すればいいのです。**

そもそも言葉とは、先にイメージがあり、それを伝達するための道具として使われるものです。言葉の背景には、常に何らかのイメージが存在しています。普段、会話をしたり、文字を読んだりしているとき、実はそのイメージを思い描いているわけです。「山」という言葉が出てくれば、記憶の中から山のイメージを引っぱり出してきて、そのイメージを使って理解し、記憶しながら、言葉を使っているのです。

ところが、自分ではそれをほとんど意識していません。ほんの一瞬の、しかも無意識のことだからです。そのため、何かを意識的に覚えようとするときは、言葉だけに注目して左脳優位になってしまい、右脳の機能が抑制されてしまいます。

イメージを伴わない言葉だから、覚えられない。それが「記憶力がない」と自分で自分を評価してしまう原因です。つまり、**記憶力を向上させるには、イメージ力を強**

## 右脳も利用して記憶する

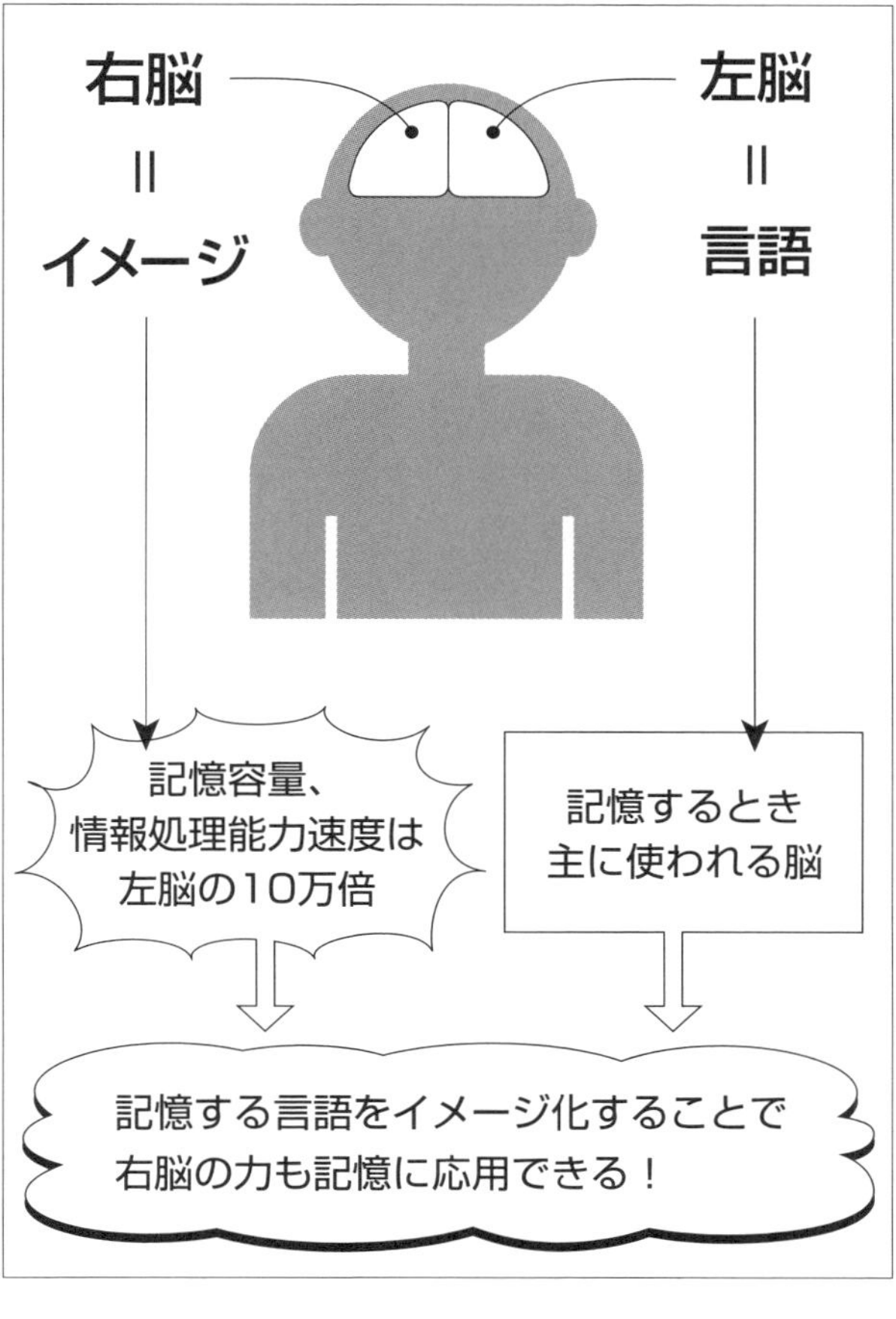
右脳
＝
イメージ
左脳
＝
言語
記憶容量、
情報処理能力速度は
左脳の10万倍
記憶するとき
主に使われる脳
記憶する言語をイメージ化することで
右脳の力も記憶に応用できる！

**化して、何かを覚えようとするとき左脳と一緒に右脳も使えるようにするのがポイント**というわけです。

## 読書で鍛える「イメージする力」

**イメージ力を強化するとき最も気をつけるべきは、イメージと言葉を関係づけながら強化することです。そのためにうってつけのトレーニング法は、読書です。**

あまり本を読み慣れていないという人は、児童向けの絵本がおすすめです。ある程度なら本を読んできたという人でも、まずは小・中学生向けの挿絵が入っている本を読んでみてください。挿絵が入っていると、文章だけたどるより想像力をかき立てられるので、イメージ力を大いに刺激してくれます。

このトレーニングでは、速く読もうとしてはいけません。**ゆっくりと読み、物語の**

**中に入り込んでいくようなつもりで、出てくる登場人物や描写される風景、出来事のひとつひとつをかみしめ、頭の中で思い描きながら読んでください。**どの本を読むか迷ったときは、伝記などは偉人たちの生き方を学ぶことができるのでおすすめです。

本を読むことに慣れている人、あるいはすでに読書の習慣がある人は、小説を読んでください。どんなに先が気になっても決して速く読み進めたりせず、登場人物の一人になったつもりでゆっくりイメージしながら読書を楽しんでください。

**リラックスできる場所で読むことも大切です。**通勤電車に揺られながら読むより、ベッドに入って寝つくまでの10分間とか、休日に落ち着いた雰囲気のカフェに出かけて読むなど、心が落ち着く場所でこのトレーニングを行ないましょう。

## 「記憶の鍵」を持て

イメージとは、視覚的な映像ばかりではありません。音声のイメージ、においや味、触覚のイメージ、楽しい、怖いといった意識のイメージ、身体の動きのイメージなど、多岐にわたります。ただ、**外部から入ってくる情報の8割は視覚情報ですから、イメージ力を強化するには、視覚イメージを強化するのが手っ取り早い**のです。頭の回転が速い人は、イメージ力にも優れた人です。

イメージ力を鍛えるには、記憶術のテクニックが有効です。**記憶術の基本は、覚えようとするものをイメージ化し、あらかじめ順番づけして覚えておいた別のイメージと結びつける**というものです。

---

①たとえば、事前に1番は「頭」、2番は「目」、3番は「耳」……という具合に、身体のどこかと数字をセットにして記憶しておきます。これを「記憶の鍵」と呼びます。

②ここで、仮に旦那さんが奥さんに「大根と、ミカンと、キャベツを買ってきて」と頼まれたとしましょう。そうしたら、買うべき物を忘れないように、記憶の鍵と大根、ミカン、キャベツを結びつけて、新しいイメージをつくるのです。この場合、記憶の鍵は身体の一部分ですから、依頼主である奥さんの身体の一部

と、買うべきものを結びつけてイメージをつくるといいでしょう。
③まずは大根ですから、奥さんの頭から大根が生えているイメージを思い浮かべます。次のミカンは、両目がだいだい色のミカンになっている顔を想像してみましょう。次のキャベツはイヤリングにして耳にぶら下げている様子をイメージします。かなり重たそうで、耳たぶが今にもちぎれそうです。

---

こうして、できるだけ奇抜でユニークなイメージをつくるのがポイント。スーパーへ行って奥さんの顔を思い浮かべれば、大根、ミカン、キャベツをすぐに思い出せるはずです。これが、記憶術の基本的なテクニックです。

まずは、何を「記憶の鍵」にするか決めて、それを覚えます。身体の部位を当てはめるのは、いつでもどこでも自分自身を見れば確認できるので、覚えやすくておすすめです。10個くらいの鍵が用意できれば十分でしょう。

鍵を覚えたら、食べ物の名前を10個書き出し、記憶の鍵に結びつけて覚える練習をしてください。そのとき、視覚的なイメージだけでなく、笑いや驚き、痛みなどのイメージを付け加えるとさらに覚えやすくなります。出かける前に覚え、帰宅してから書き出してみて答え合わせをするなど、結果を明確にして、繰り返しトレーニングすることで記憶力が伸びていくのが目に見えてわかるはずです。

## 「図で考える人」は仕事ができる

私は学生時代、中学生の家庭教師をしたことがあります。中学校では、たとえば、数学で、y＝ax＋bで表わされる直線の式を習います。そして、点（a，b）と（c，d）を通る直線の式を出しなさいという問題が出てきます。私が教えた中学生は、この問題を公式に当てはめて一生懸命に計算するのですが、公式を間違えたり、計算違いをして、間違った答えを出していました。

あるとき、目を閉じさせて、グラフを思い浮かべるようにいい、その2点をイメージさせて、直線の傾きを出させました。すると正解です。おなじく、イメージで、y切片も出させました。これも正解でした。このようにして、イメージで考えることを覚えたその中学生は、急速に成績が伸びました。60点台から90点台に伸びましたので、ご両親からも大変喜ばれました。

**仕事でも、イメージを使わない人は、とんでもない間違いの数字を出します。**しかも、自分では気がつきません。これでは仕事をやる気がないと見なされてしまいます。数字で計算すると同時に、イメージで考える習慣をつけると、間違いを減らすことができます。

**ビジネスの世界では、創造性や仕事の処理速度が問題になります。これに長けた人は、間違いなく頭の回転が速い人です。**

いかにして、創造性や仕事の処理速度を向上させるか。その時に解決法として注目されるのが、右脳の活性化と活用です。

以前は、発想法やNM法、最近は、マインド・マップなどがよく知られています。それぞれ有用な方法ですが、その方法自体をマスターするのに時間がかかりますから、まず自分なりにイメージを使い始めることが大切です。それが、自分の創造性を刺激し、右脳の活性化につながります。

### ①読んだ本の内容を図にまとめる

最近のビジネス書は、解説した文章にそれをまとめた図を付しているものが多くなっています。とはいっても、図もなく、内容が込み入っている本も少なくありません。そのような本を読んだときは、図に描いてみます。お手本は、図を付した本です。根本的な思想とそれから発生する末梢的な考え、原理と応用例あるいは実践方法、対立することと類似のことなどを読み分けて、部分的に図にまとめて理解していきます。すると、全体がよく理解できるようになります。

### ②アイデアは図形で展開する

アイデアが浮かんだら、それを図形で展開していくと、よくまとめることができます。最初に思いついたアイデアを中心に書き、そのアイデアについて思いつくところを、ブレインストーミングのように、制限せずに書き込みます。

たくさん書き込むと、それらの関係が見えてきますから、それを線でつないだり、矢印で関係づけながら、樹枝状にアイデアを展開します。その結果、発想の本質や可能性、発展する方向が見えてきます。

実践のポイントは、用紙1枚だけ、あるいは一度で完成させようとしないことです。繰り返すことで、アイデアが整理され、深まっていきます。

以上のように図形を活用することで、理解や発想を促進するのはもちろんのこと、記憶することも思い出すことも容易になります。

## 「思い出す力」を強くする習慣

一般的に「記憶力がいい人」というと、勉強がよくできる人というイメージがあるようです。たしかに、「学習」には記憶力を使います。記憶力は、記憶することで鍛えられますから、学習によっても当然鍛えられます。つまり、記憶力がいいということは、学習力が高いということであり、頭がいい人であるという考え方は一見すると間違っていないようです。

ただ、実際に「この人は頭がいい」といわれる人たちを観察してみると、学習における記憶力も確かに優れているのですが、それだけではありません。**頭がいい人たちは、特別に記憶しようと意図していないときに、何気なく見たり聞いたりしたものについても、よく覚えているのです。このことは頭の回転の速さに直結しています。**

このような記憶力を**「博覧強記の記憶力」**と呼びます。人間は、一度見たり聞いたりしたものはすべて潜在意識に蓄えているのですから、つまり**「思い出す力」である想起力がどれだけ強いか**が、博覧強記の記憶力を持てるかどうかの違いです。

想起力が鍛えられると、潜在意識の中にある記憶を次々に引き出すことができるようになるのですから、記憶力は飛躍的にアップします。これぞ博覧強記への道です。

ではどうすれば「思い出す力」を鍛えられるのかについて説明しましょう。

## ①「夢日記」をつける

夢というものは、朝目覚めた直後は覚えていますが、すぐに忘れてしまいます。そこで、気持ちを落ち着けて、集中し、記憶の糸をたどりながら、見た夢をノートに書き出してみましょう。夢はまさに潜在意識の活動であり、それを思い出すことは潜在意識へのアプローチになります。想起力を鍛えるとても効果的な方法です。

### ②日記や小遣い帳は想起の練習帳

夜寝る前に、その日にあったことを思い出して日記につけましょう。そのときの光景や音、におい、感情などできる限り具体的にイメージしながら記録してください。何を買ったか思い出しながら小遣い帳をつけるのも、想起力のトレーニングにうってつけです。手持ちの現金と一致するように、正確に思い出す努力をしましょう。

### ③想起力を鍛えて、読書を生かす

多くの人は、本を一度読めば、二度目は読みません。小説を楽しむならそれでもいいのですが、その本から何かを学ぼうとするときは、一度だけ読んでおしまいにするのはもったいないことです。

長者番付の常連である斎藤一人氏は、「本は7回読め」といっています。読みながら「これは役に立つな」と思っても、一度読んだだけでは記憶には残りません。記憶に残らなければ、せっかくの役立つ知識を活用できないのです。斎藤氏は最低でも7回は頭に叩きこまないと記憶に残らない、といっているわけです。もっとも、本を7回読むのは、速読力を身につけない限り難しい。そこで、読んだ内容を記憶に残すためのもうひとつの方法を紹介しましょう。

たいていのビジネス書やノウハウ本、自己啓発本は、いくつかの章があります。まずひとつの章を読み終えたら本を閉じ、読んだ内容を思い起こしてください。もし具体的なフレーズや単語が浮かばなかったら、本を開いて再度確認します。各章を読み終えるごとにこれを繰り返し、最後まで読んだら、全体の話の流れや要点を思い出してください。このようにして読み進めると、読書が生きてきます。

## ④講演を活用する

講演会やセミナーに積極的に参加する人はたくさんいますが、大事なのはそれらが終わった後です。聞きっぱなしにせず、思い出すことで初めて記憶に残ります。会場を出たら喫茶店に入るか、もしくは帰宅の電車の中で、目を閉じて気持ちを落ち着かせ、聞いた内容を思い出してください。

要点だけかいつまんでも構いませんが、慣れてきたら、話をはじめから順に追っていき、声や光景などイメージも含めて思い出すようにしましょう。思い返すことで、一度聞いただけでは気づかなかった話し手の意図や論旨に気づくこともあります。

## ⑤何気なく見たものを思い出す

昼休みのリラックスした状態のときを利用して、トレーニングしてみましょう。目を閉じて、今日の朝、家を一歩出てから最寄り駅まで歩いた道のりを、イメージで追ってみてください。その間に見たものや、聞いた音を思い出していくのです。いつも歩く道であっても、すれ違う人や音、においは毎日違っているはず。それを思い出すことが想起力のトレーニングになります。

考えごとをしながらうつむいて歩いた日は、何も思い出せないものです。逆に、晴れ晴れとした気持ちで歩いた朝は、何気なく見たもの聞いた音が、不思議と記憶に残っています。すぐ簡単にできるので、ぜひ実践してください。

## 10年ぶりに会った人の名前を思い出せますか？

以前あるゴルフクラブで受付係をされていた長谷川浩子さんという人は、そのクラブを訪れたお客様の名前と顔を1万人以上覚えていたそうです。実際、数年前に一度だけ来場したことのあるお客様に、「○○様、お久しぶりでございます」と声をかけたとか、海外赴任から10年ぶりに帰国したお客様に「長い間、お疲れ様でございました」と挨拶したといった逸話の持ち主でした。

長谷川さんが、人の名前と顔を覚えるときのコツは、たった2つです。

**①「覚えよう」という気持ちを強く持つこと**

**②相手をよく観察すること**

いずれも特別なことではありませんが、だからこそ重要です。興味や関心を持つこと、そして覚えようとする強い意志を持つことが記憶するコツなのです。関心を持って接すれば、相手をよく観察したくなります。顔や服装の特徴、一緒にいる人たち、話し方の特徴などをチェックしたり、周りの人とどんな会話をしているのかも気になります。こうして、自発的に関心を向けたことについて、人は簡単には忘れないものです。

ビジネスマンにとって、名刺を交換した人の顔と名前を覚えるのは当然のこと。苦手だとか、覚えられないと嘆いている暇があったら、次の実践エクササイズで苦手を今すぐ克服しましょう。

## ①会ったときの「記銘」を強化する

取引先との打ち合わせで、3人と名刺を交換したとします。右から順に、田中さん、鈴木さん、山川さんが座ったら、名刺は必ず右から田中、鈴木、山川の順に置きます。初歩的なことですが、正しく覚える第一歩です。

珍しい苗字や名前は、すぐ話題にします。ただし、失礼になる場合もありますから、自分の立場をわきまえた上で、あまりしつこく掘り下げないこと。

それから、会話の途中で、相手の名前を呼ぶようにします。「田中さんのお考えは○○だということですが」「鈴木さんのアイデアは素敵ですね」といった具合に、会話の中にさりげなく名前を入れていきます。

## ②連想で想起力を強化する

名刺交換したら、その人の顔を見て、似ている人を思い浮かべます。ただし、相手を目の前にして「誰に似てるかな?」と吟味する暇はありませんから、顔を見た瞬間に「あの人に似ている」と多少強引にでも特定してください。友人、知人、俳優、女優など誰でも構いません。特定したら、似ている人の名前をその人の名刺の裏にメモしておきましょう。

## ③特徴を観察して絵にする

潜在意識がその人についての情報を検索しやすいように、情報を関連させて覚えておきましょう。顔であれば、丸顔、四角顔、顎が張っている、額が広い、鼻が大きい、口が大きい、厚化粧、色黒、色白、赤ら顔、髪が薄い、七・三に分けている、オールバックなどといった特徴を見つけ出して、名刺の裏に絵を描いておきます。このほか声の特徴、職業、家族・友人関係など、できるだけたくさんの情報を関連させて覚えることです。

## ④イメージで記憶する

「顔は覚えているけど、名前が出てこない」なんていう事態にならないように、イメージ力を応用しましょう。記憶しようとする人の顔を頭に思い浮かべ、そこに名前から連想されるものを貼り付けます。「佐々木さん」という人なら、思い浮かべた顔の鼻の下にササの葉を2枚、ヒゲのように貼り付けてみてはどうでしょう?

「鈴木さん」なら、果実の代わりに鈴がなっている小さな木が、鈴木さんの頭の上に生えている様子をイメージするのです。ちょっと笑えるくらいのイメージのほうが、記憶に残りやすくなります。

### ⑤繰り返す

覚えるのには、反復が最も重要であることは前にも説明しました。ですから、集めた情報やつくり出したイメージを、何度も頭の中で繰り返し思い出すようにしてください。名刺の裏には顔や容姿の特徴、話の中で入手した仕事や趣味などの関連情報を書き込んでおいて、記憶を引き出しやすくするためのヒント集にしましょう。

## 原稿なしのスピーチができる人の魅力

10年ほど前、あるスピーチを聞いて感動したことがあります。速読教室で講師をしてくれていたI君の結婚式で、彼の仲人であり恩師でもあるA教授が行なったスピーチでした。

内容が特別だったのではありません。新郎の学生時代のエピソードや、自分の人生経験を踏まえた結婚生活のアドバイスなどを、時に笑いを誘いながら、落ち着いた声のトーンでとてもわかりやすく話されるので、惹きつけられるのです。その翌年、A

教授は有名私立大学の学長になられました。あのスピーチを聞いていた私は、さもありなんと納得したものです。

スピーチするときA教授は、原稿もメモも見ていませんでした。もし、そうでなかったとしたら、おそらくあのような感動的なスピーチにはならなかったでしょう。テレビで閣僚の国会答弁を見ているとよくわかります。官僚が書いた原稿を読んでいるだけで、本心と違うのではないか、内容を理解していないのではないかと、勘ぐりたくなるのは私だけではないはず。

**会議やプレゼンなど人前で話す場合、よほど込み入った資料や重要な数値を説明するのでなければ、メモや原稿など持たないほうが、話に説得力や訴求力が生まれます。**

視線が手元のメモではなく聴衆に向かうので、反応も把握しやすく、場合によっては話題を変えたほうがよさそうだ、と気づくこともあるでしょう。

また、頭を上げて話せばよい姿勢になり、声も通って、自信を持って話しているように見えます。話す内容だけでなく、話し方も、スピーチやプレゼンで人の心を動かすための大切なポイントです。

原稿・メモを持たずにスピーチを行なうときの、注意点と具体的な方法について紹介しましょう。

### ①話したいという気持ちを持つこと

「たくさんの招待客がいるなかで、スピーチさせてもらえるなどありがたいことだ。招待客を代表して、心を込めてお祝いの挨拶を述べよう」と、そんなふうに、前向きにとらえてください。

「スピーチは苦手だ。でも立場上、仕方がない」などと考えていると、いいスピーチはできません。苦手を克服するチャンス到来だと思って、苦手意識がなくなるまで徹底して練習すればいいのです。とにかく、「心を込めてスピーチしたい」という気持ちでその場に臨むようにします。

### ②話の趣旨をはっきりさせること

何をいいたいのか明確にしておくこと。別のいい方をすると、「結論」をはっきりさせておくことです。話の趣旨や結論さえはっきり把握していれば、途中で予定していた話の筋から脱線しても、戻すことができます。

### ③「最初のひと言」は繰り返し声に出して覚えておく

緊張するクセのある人は、最初に発する第一声が勝負どころです。たとえば、結婚披露宴でのスピーチの場合、たいていは第一声で、ご両家にお決まりの祝意の言葉を伝えるものです。緊張する人はこの時点で頭が真っ白になりますが、最初の言葉をスムーズに口に出せると、気持ちが楽になり、緊張がゆるみます。ですから、とにかく最初の言葉をしっかり覚えて、繰り返し練習しておきましょう。

### ④聞く人と対話する気持ちで

練習のために、スピーチ原稿をつくるのは構いません。ただ、一言一句そのまま話さなければならないと思うと追い込まれます。あくまでも話の流れや、キーワードを確認するためのものだと軽く考えましょう。

話し方のポイントは、聞いている人と対話する感覚を持つことです。「Aさんは、○○で□□であり、△△だから、とても有能です」というと、聞き手は相づちを打つ間もありません。

そうではなく、先に「Aさんはとても有能です」と結論を出せば、聞き手は「どうして?」と思うでしょう。そこで「というのも、Aさんは○○で□□で……」と説明すれば、相手も「なるほど」と納得します。

スピーチ中は、聞き手の相づちは聞こえてきませんが、それを想定して話を組み立てると、聞く人にはわかりやすく、また自分でも話しやすい流れがつくれるのです。

## ⑤話す項目はイメージで覚える

同じスピーチでも解説的な話をするとします。

たとえば、「記憶術」「右脳」「俳句」「速読」「瞑想」「スポーツ」「鍛え方」について、順に話をすることにしたとすると、この7つの言葉をあらかじめ順に覚えておかなくてはなりません。

覚え方を2つ紹介しましょう。

ひとつは、**「頭字法」**です。「記憶術」から「鍛え方」までの7つの言葉は、頭文字さえ覚えれば、思い出せるはずです。頭文字を順に並べると、「き」「み」「は」「そ」「め」「す」「き」となります。少し強引ですが、「君は染め好き」と意味のある短文になりますから、この短文を覚えることで、話の順序を覚えたことになります。

もうひとつの方法は、**「イメージ結合法」**。140ページで紹介した方法で、「記憶の鍵」となる言葉を決めます。たとえば、1番は「頭」、2番は「目」、3番は「耳」、4番は「鼻」、5番は「ほっぺた」、6番は「口」、7番は「肩」、8番は「手」、9番は「お腹」、10番は「足」とします。この鍵の言葉をあらかじめ記憶しておき、これらと7つの言葉を順に結びつけて新しいイメージをつくることで、順に覚えることができます。

たとえば、1番の鍵の言葉は「頭」。記憶術は円周率を覚える方法としてよく知られていますので、円周率の数の列を頭にぐるぐる巻きにしたイメージをつくります。このイメージが1番は記憶術ということを意味するわけです。2番は目ですから、解剖学で出てくる脳の図の右半分を、目玉の代わりに両目に入れます。3番は耳ですから、耳たぶに5―7―5と書いた短冊を下げます。……このようにして、7つの言葉を順に覚えます。

## この方法で、プレゼンがみるみる上達!

プレゼンにおいても、原稿を持たずに行なう方法はスピーチの場合と基本的に同じです。ただ、スライドや資料を用いるので、やりやすい面がある一方、注意すべきこともあります。

### ①緒論と結論を明確に打ち出すこと

プレゼンには、目的があります。研究報告、予算獲得、自社製品のアピール、契約獲得など、これから行なおうとするプレゼンの目的はどこにあるのかを明確にしておきましょう。目的意識が明確になれば、記憶も明確になります。

## ②資料やスライドの内容を熟知すること

資料やスライドに見入ってしまうと、声が小さくなったり姿勢が崩れたりして、訴求力が低下します。資料やスライドは、一瞬見たら内容がわかるように頭に叩き込んでおくこと。説明するときも、できるだけ相手を見ながら行ないます。

## ③イメージリハーサルで仕上げる

ゴッドハンドを持つといわれるある心臓外科医は、手術の前日、椅子にゆったり座り、手術の進行を頭の中で思い浮かべながら、実際に手を動かして手術のリハーサルをするのだそうです。

プレゼンでも必ず仕上げにリハーサルをしましょう。プレゼンは自分の評価を決めるだけでなく、所属する部署やグループの命運、さらには社運がかかっている場合もあります。責任が重いのです。

納得できるまで何度も練習を繰り返すことです。リハーサルの前には、179ページで紹介する丹田呼吸で身体をリラックスさせておきます。そして、実際に人前でプレゼンしている状況をイメージしながら行なってください。

## 「目と耳と手」を同時に使って覚える

学生時代、英単語を覚えるとき、声に出して読みながら、繰り返し書いて覚えたものです。この方法は、耳から音を聞き、手で書いて、書いたものを目で見る、というふうに、三方向から脳に記憶させることで覚えやすくなるのです。

**目と、耳と、手で記憶にすり込む——それが勉強です。こうして覚えると、単語が頭では思い浮かばなくても、手は覚えていたりするのです。**「こんな感じだったかな?」と書き出してみれば、あとは潜在意識に残っている映像イメージと照らし合わせてみれば、合っているかどうか目で確認できます。

音声も潜在意識に残るので、たとえば長い英文でも何度も繰り返し声に出して読む

## 「目と耳と手」を使った記憶法

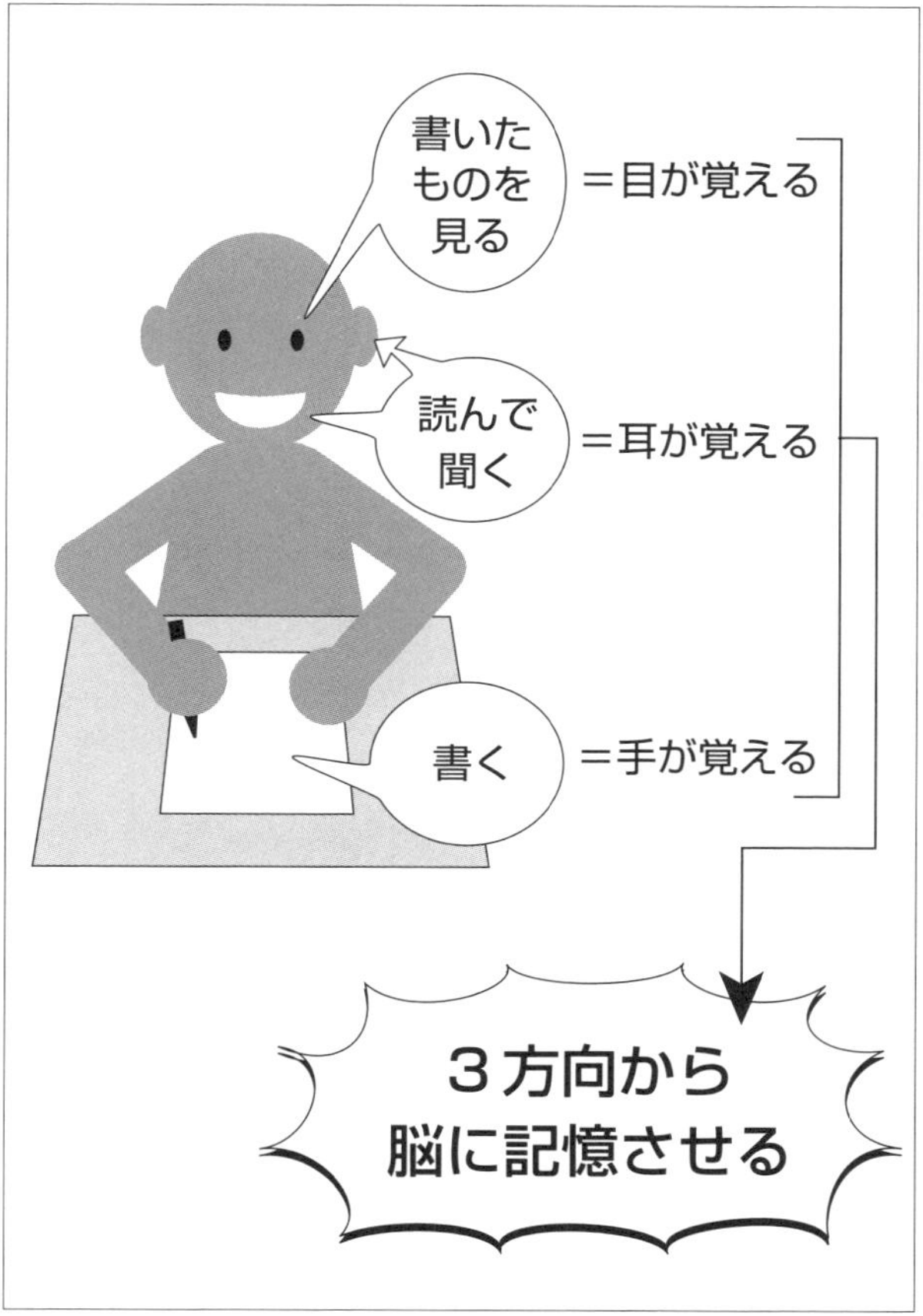
書いたものを見る
＝目が覚える
読んで聞く
＝耳が覚える
書く
＝手が覚える
３方向から脳に記憶させる

ことで、**頭では思い出せなくても、言ってみるとするりと言葉が出てくる**ことも珍しくありません。潜在意識に残っている記憶を、手を替え、品を替えして引き出せないか、試行錯誤してみてください。

ひとつ例を挙げてみましょう。

「ぎおんしょうじゃのかねのこえ□□□□□むじょうのひびきあり」

右の文の□部分に入る言葉がわかりますか？　もし、思い出せない場合は、まず右の文を完全に覚えているようなつもりになって、□部分は抜かしたまま、心の中で数回暗唱してみましょう。

それでも口をついて出てこないなら、いったんこの問題は頭の隅に押しやって、まったく別のことで、リラックスしてできることに意識を集中してください。本を10ページだけ読むとか、何でも構いません。その後で、もう一度、心の中で数回、繰り返してみます。

この作業を何回も続けていると、いずれ□の部分に入る「しょぎょう」が自然と口をついて出てくるはずです。英単語や漢字などを忘れた場合も、同様の手順で思い出すことができます。

## 電卓より早い、この「暗算力」

現代はとても便利な時代になって、ちょっとした計算なら電卓ひとつあれば、もしくはパソコンのキーボードを叩けば済んでしまいます。携帯電話にも電卓機能がついている時代です。しかし、あまりにも便利になりすぎて、自分の頭を使って計算する機会がめっきり減ってしまいました。だから、いざ暗算しようとすると、なかなか頭が回ってくれないという人が多いはずです。

そういう中で、ササッと暗算できる人がいたらどうでしょう？　資料の数字の間違いにいち早く気づいたり、周りの人が電卓を叩くより早く正確な数字を暗算で出せたりする人がいたら、間違いなく「頭の回転が速い人だ」と一目置かれるはずです。

ここでもう一度、原点に返って「暗算力」を磨いてみませんか。暗算力を身につけるための第一歩は、**「概算」する要領をつかむ**こと。だいたいこれくらい、という数字を出せるようにすることです。日常や仕事を振り返ってみればわかりますが、会計計算でもない限り、すべての位の数を正確にはじき出す必要はありません。位の大きいほうから2桁くらいで計算すれば十分です。

次の一歩は、**「2桁の暗算」ができるようになる**こと。数年前ですが「インド式計算法」が日本でも流行りました。インドでは日本の九九のように、2桁の掛け算――つまり、「11×11＝121」「11×12＝132」といった計算も暗記するのだそうです。これを覚えるのもひとつの方法です。

## 忘れ物をしなくなる3つのコツ

私の知り合いによく忘れ物をする人がいます。逆に感心してしまうほど、どこへ行っても絶対に何かを忘れてきます。

忘れ物をする原因は、何かに集中していて、他のことへの注意が希薄になっているからです。たとえば、レストランを出るとき支払いに夢中になっていて、席に荷物を忘れてしまったり、電車に乗り遅れそうだと慌てて家を出るから、携帯電話を忘れてしまったりします。

何かに集中したり、夢中になったりするのは潜在意識の働きです。つまり、自分ではコントロールできない部分で起こっていることなので、「二度と忘れ物はしないぞ！」と叫ぶだけでは、忘れ物のクセは直りません。これを直すには、実は「3つの面」から対策をとる必要があります。

## ①気持ちの落ち着いた人間になる

要は、常にリラックス状態であるということ。そのために、179ページで紹介する丹田呼吸を身につけるのが一番いい方法です。座っているときも、立っているときも、歩いているときも、人と話していても、意識して丹田呼吸をしてください。これが自然とできるようになると、肩の力が抜け、心が落ち着いた状態を無理せず維持できるようになります。生きるのが楽になったように感じるはずです。

## ②置き場所や入れる場所を決める

たとえば、携帯電話は使い終わったら必ず右のポケットに入れる。マフラーは、外したら必ずバッグの中にしまい込む。というように、持ち物の定位置を決めましょう。そうすることで、「アレがない！」と気づきやすくなるのです。いつも持ち歩くバッグがあるなら、いつもできるだけ同じ物を入れるようにしましょう。何かを入れ忘れていると重さが変わるので、手に持ったときの違和感ですぐにわかります。

## ③潜在意識に働きかける

たとえば、レストランに入って傘を傘立てに置いたとします。このとき一瞬、「忘れるかもしれない」という不安が心をよぎるはずです。その不安をそのままにしておくと、本当に忘れてしまいます。なぜなら、潜在意識においては、傘を忘れる自分を認めたことになるからです。

そんなときは、心の中できっぱりと「私はこの傘を忘れない。この傘を必ず持って帰る」と宣言しましょう。そうすることで、忘れ物をする自分と決別し、傘に無意識的に注意を向けることになります。

# 4章

# 睡眠、運動、食事……
# 脳にいいこと、悪いこと

## ――今日から始めるべき習慣、やめるべき習慣

## 身体が強い人は、頭の回転が速い！

頭の回転が速いか遅いかは「脳」の問題だと考えていませんか？

確かにそうです。でも、それだけではありません。**脳とは身体の一部であり、頭の回転も身体全体から影響を受けるのです。**たとえば、風邪をひいたときやお腹をこわしたときは頭が冴えません。

逆にいえば、身体がスッキリ健康な状態であれば、頭はクリアになり冴えてくるはずです。つまり、身体を強靱に、健康にすることが、頭の回転を速くするためには不可欠な要素なのです。

発明王エジソンは「天才とは1パーセントのひらめきと、99パーセントの努力である」といいました。私が解釈するに、これはひらめきを生むほどの努力こそが、人を天才にするという意味だと思います。すなわち、天才になるためには、ひらめきが生まれるくらい頭脳をトレーニングしなければならないのです。そして、仕事であっても学問であっても、それほどの努力をするには、強靱な身体がなければなりません。

経団連の会長を務めたこともある土光敏夫氏が、かつて東芝の再建にあたったとき、社員にまず要請したことは、「すべてにバイタリティ（活力）を！」ということでした。ここでいう活力とは、「知力×行動力」であり、行動力の重要な要素として土光氏は「意力・体力・速力」の3つを挙げました。そして、**「体力の重要さが見逃されているのは意外なほどだ」**と述べています（『経営の行動指針』産能大学出版部）。

私の教室に来る受講生を見ていても、健康で体力のある人ほど、速やかに「速読脳」を開花させていくものです。

知力のもとは体力なのです。

「身体が資本」という言葉は、ビジネスでも学問でもスポーツでも、あらゆる分野において通じる真理だと思います。そこで、この章では身体を強くすることで、頭の回転を速くする方法について考えていきましょう。

## 疲れを明日に残さない「短眠法」

頭の働きと睡眠の関係性はよくいわれることですが、実は長時間の睡眠をとったからといって、頭がクリアになるとは限りません。

体調を崩したときや、疲労がたまっているときに体力を回復させるには、長時間眠ることは効果的ですが、そうでなければ眠りすぎるとむしろ身体がだるくなったり、頭がボーッとしたりします。よく寝たのに調子が出ない、という経験がある人は多いはずです。

**大切なのは、適切な睡眠時間を確保すること。もっといえば、短い睡眠時間で効率よく疲労回復できる方法を身につけること。これは、身体にとっても、頭脳の働きにとっても大変重要なことです。**

そもそも、人はなぜ眠るのでしょうか。これは、肉体疲労を回復させ、精神的なストレスを解放するためだと考えられています。

肉体疲労とは、労働や運動による疲労だけでなく、内臓の疲れも当てはまります。内臓は自律神経の支配下にあり、その疲れはなかなか実感しにくいのですが、健康を維持しようとするとき「内臓を休める」という発想を持つことは重要です。

なかでも消化器系は、直接的に負担をかけやすい部位です。たとえば、寝る直前に食べるのは太るからよくないと考える人は多くいますが、消化器系を休めることができないという意味でもやはりよくありません。

また、精神的なストレスを上手に解放しておかなければ、体を壊す原因になります。ストレスがあると自律神経が休まらず、胃潰瘍や十二指腸潰瘍、精神病などを引き起こします。これを睡眠によって防ぐのです。

もっとも、あまりに強いストレスを抱えていると、寝付きが悪くなるなど睡眠そのものにも影響が出てしまいます。そういう場合は、1章で述べた緊張しないための方法を活用してください。これらは、ストレスを減らすための対処法にもなります。

寝ても寝てもスッキリしない人がいる一方で、短い睡眠時間で健康を維持し、スッキリとした頭で毎日を過ごしている人もいます。こうした人たちの多くは、明確な目的意識を持って睡眠を短くしています。ですから、目覚めた後もダラダラと過ごして時間を無駄にしたりしません。すぐに頭をフル回転させて、知的生産活動を始めます。

私は「シルバ・メソッド」というセミナーで短眠法を教えているからわかるのですが、どんな人でも睡眠時間そのものを短くすることは難しくありません。実際、受講生たちはすぐに3時間睡眠、4時間睡眠でスッキリ起きられるようになります。

ところが、多くの人がその後が続かないのです。その理由として最も多いのが、「早く起きてもやることがない」というものです。

ここのところが、短眠を継続してできる人は違います。たとえば、先に登場した土光氏の睡眠時間は、若いときから亡くなるまで5時間だったそうです。彼は当時の石川島重工業（現ＩＨＩ）に入社して国産タービンの開発を志したとき、ドイツから資料を取り寄せ、会社でも自宅でも猛烈に勉強しました。

その際、全資料を読むためにかかる時間を期日までの日数で割ったところ、1日の睡眠時間を5時間以下に抑えないと読み終えられないことが判明しました。それ以来、土光氏は5時間睡眠が習慣になったといいます。

**睡眠時間を短くすることで成し遂げようとする「目的」があると、短眠を身につけることができるようになります。**

## 朝から颯爽と動き出すコツ

**①睡眠時間を短くして何をするのか具体的に決める**

睡眠時間を短くして、朝早く起きたら何をするのか書き出してみましょう。

**②就寝する直前に瞑想の時間を取る**

ストレスが溜まっているのを感じたときは、1日を振り返り、よかったこと、楽しかったことだけを思い出して、そのイメージを抱きながら眠るようにします。特にストレスがないときは、明朝は何時に起きるかを確認し、起きた後に何をするのかを具体的に決めてから眠りにつきましょう。

## ③食事の量を少なくする

食事の量は、そのまま消化器官への負担となります。腹八分目がちょうどいいといわれますが、実際はもっと少ないほうが健康にも頭脳にもよい上、睡眠時間を短くしやすいようです。特に眠る直前に食べる場合は、量をかなり抑えたほうが疲労の回復を妨げません。

ただし、人によっては食事を楽しむこと自体が、ストレス解消になる場合もあります。身体的にも精神的にもムリのないように、バランスを取りながら食事の量を決めましょう。

## ④既成の常識にとらわれない

「健康維持には8時間睡眠が必要」「成人男性は1日2500キロカロリーの摂取が必要」といった、世間一般に常識とされている知識にとらわれないことです。

たとえばカロリーにしても、摂取した食べ物のうち何パーセントを活用できるかという効率の面こそ実際には重要であるはずです。食事の量を少なくすることで胃腸など内臓の負担を軽減すれば、栄養の摂取効率も上がり、２５００キロカロリーよりも少ない食事量でも健康には問題ありません。試行錯誤し身体の調子を確かめて、自分に適切な食事量を探してみましょう。

**⑤眠る直前に、寝酒をしたり、甘い物を摂ったりしない**
**⑥できるだけ薄着にする**
**⑦朝一度目が覚めたら、二度寝をせずにすぐに起きる**

## 脳がどんどん活性化する呼吸法

腹式呼吸を身につけることは、脳の働きをよくするために、次の3つの理由で、極めて重要です。

①脳がたくさんの酸素を必要とする器官だから。
②脳腸ホルモンが、脳の働きに重要な役割を果たしているから。
脳腸ホルモンについては206ページで詳しく説明しますが、このホルモンを分泌するには、腸の健康が不可欠です。その腸をマッサージし、血流を良くするのが、呼吸時の横隔膜の動きなのです。深い呼吸は、横隔膜を大きく動かし、腸のマッサージ効果を大きくします。

③脳を含めて、全身の血流をよくするから。
血液は心臓の拍動で押し出されますが、その圧力だけでは、血液を再び心臓に還流させることはできません。末端の毛細血管はきわめて細く、抵抗が大きいからです。還流させるには、静脈側の負圧が必要です。その負圧を生じさせる役割を果たしているのが、やはり横隔膜の動きなのです。このような効果をもたらす深い呼吸の仕方

が**「丹田呼吸」**です。

丹田呼吸では、横隔膜を大きく動かすことで、胸腔と腹腔に交互に、血液を押し出す圧力と血液を引き入れるマイナスの圧力がかかります。胸腔には肺が、腹腔には腸や肝臓、腎臓などの内臓があり、丹田呼吸をすることによって、これらの臓器がマッサージされます。その結果、健康が増進されると同時に、脳が活性化されるというわけです。では、丹田呼吸の方法を説明しましょう。

---

①椅子に座ります。このとき、背もたれに寄りかからないこと。
②右手を胃の辺り、左手を下腹部（丹田）に置きます。
③ゆっくり息を吐きながら、下腹をへこませていきます。ほぼ限界までへこませたら、下腹の力をぱっと抜きます。すると、下腹が前に突き出ると同時に、鼻から息が入ります。この呼吸を数回行なって下腹の緊張をとり、お腹をリラックスさせます。
④お腹がリラックスしたら、息が入って膨らんだ下腹に、さらにゆっくり息を吸

っていきます。下腹がいっぱいに膨らんだら、上腹部に息を吸い込み膨らませます。さらに息を吸い続けて、胸を膨らませます。

⑤7割ぐらい吸い込んだら、少しだけ息を吐いて胸から力を抜きます。すると下腹が突き出ます。

⑥お尻の穴をギュッと絞り上げて、下腹に圧力をかけます。

⑦息をゆっくり吐きながら、さらに下腹に圧力をかけます。このとき下腹内に野球ボールのような形の丹田があるとイメージして、その丹田に、どの方向からも均等に圧力をかけるつもりで行ないます。

⑧そのまま息を3秒止めたあと、息を吐きながら下腹から力を抜きます。

⑨呼吸が普通になるまで、自然な呼吸を続けます。

⑩④から⑨までを数回繰り返します。

このような丹田呼吸を繰り返すことで、横隔膜と腹部が柔軟になります。自然に丹田の部位を使った腹式呼吸ができるようになれば、呼吸が深くなります。

## 「やるときはやる」ための気力と体力を養え

比叡山で行なわれる天台宗の修行に、回峯行という荒行があります。1000日間、真言を唱えながら決められた場所を礼拝して回る修行です。30キロメートルから長くなると84キロメートルの道のりを、病気になろうと嵐になろうと1日も休まずに回ります。道といっても山道であり、高低差は数百メートルにもなります。

700日を満行すると、9日にわたって断食・断水・断眠・不臥で護摩を焚き続ける四無の行が待っています。「堂入り」と呼ばれるこの行では、7日目ともなると行者の身体から死臭がしてくるそうです。どんなに体力がある人でも、それだけでは満行するのは困難であり、並外れて強い意志を持つことが不可欠です。実際、この行には中途で挫折したら自ら死を選ぶ覚悟で臨むのだといいます。

もちろん、ビジネスの世界では、死を覚悟して臨む必要はありませんが、困難を乗り越えなくては得られるものがないという点では回峯行と同じです。「艱難汝を玉にす」という言葉もあるように、その人が仕事の成功やスキルを伸ばすことができるかどうかの分かれ目は、自ら困難の中に飛び込んでいく覚悟があるかどうかです。

いったんやると決めたら、最後までやり抜く気力が必要です。そして、やり抜く気力は、実際にやり抜くことでしか養われません。もちろん、その気力は単なる蛮勇によるものではなく、志を立て、目標を定め、日々全力で取り組むことで、自らの内面から生み出されるものでなくてはなりません。

さらに、気力を十分に発揮するためには、体力も欠かせません。気力と体力が充実している人は、徹夜も苦にはならないものです。やろうという意志はあっても、頭がうまく回らなかったり、集中できなかったりするのは、体力が気持ちに置いていかれているのです。

また、自分に艱難を課し続ければ、それはストレスをかけ続けるのと同じことにな

## 気力と体力の両方を養え

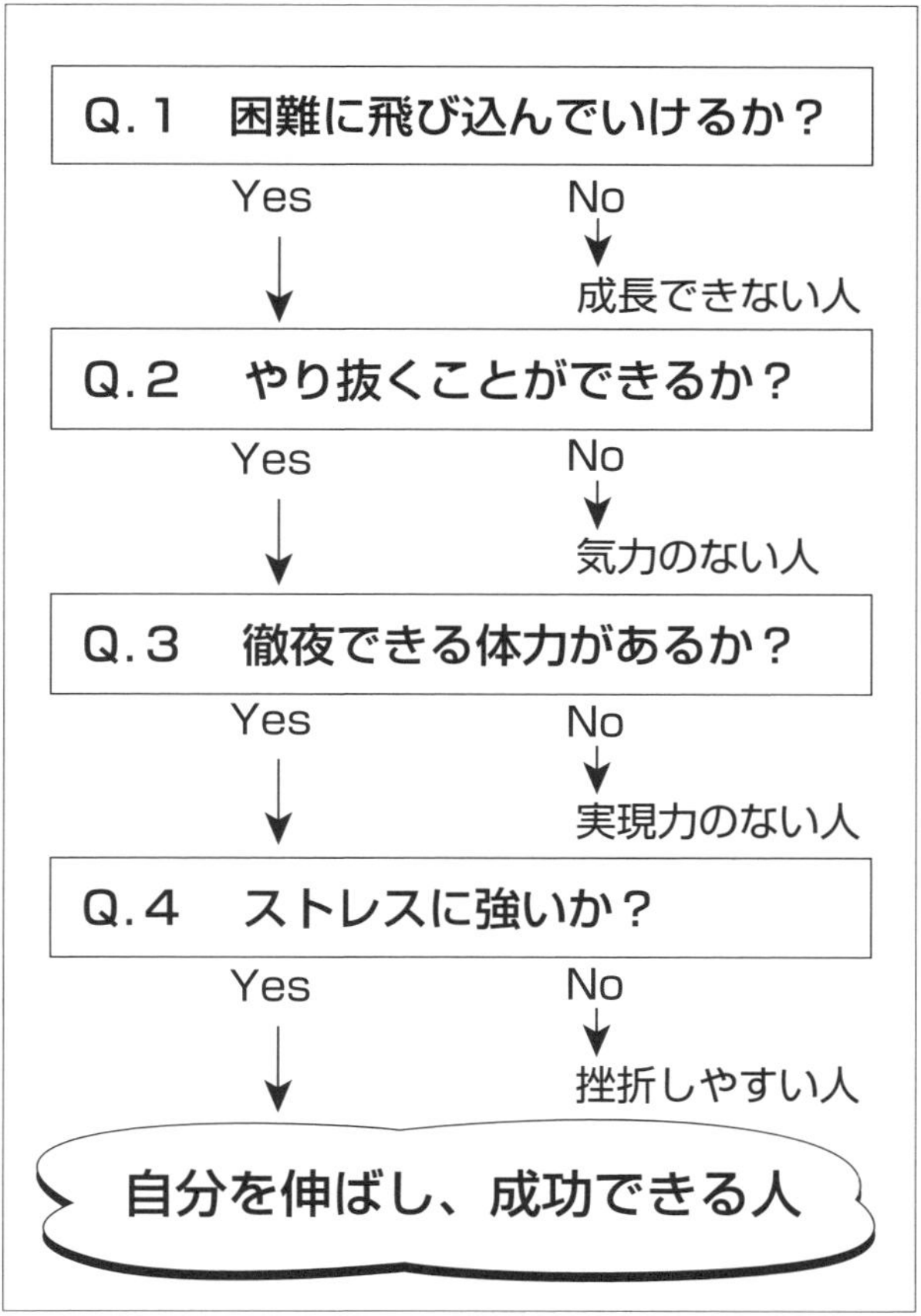
Q.1　困難に飛び込んでいけるか？
Yes
No
成長できない人
Q.2　やり抜くことができるか？
Yes
No
気力のない人
Q.3　徹夜できる体力があるか？
Yes
No
実現力のない人
Q.4　ストレスに強いか？
Yes
No
挫折しやすい人
自分を伸ばし、成功できる人

ります。つまり、ストレスに強い体質をつくらなければ、志を果たすことはできません。

心の安定がなければ、ストレスに対して弱くなります。ストレスに苦しめられていれば、眠れなくなったり神経が過敏になったりして身体的なダメージにつながります。

精神と体力のバランスが崩れてしまえば、仕事の責任を果たしたいという気持ちはあっても、それを実現するのは不可能です。やるべきことは徹夜してでもやれるだけの気力と体力を養うことで、自己は鍛えられ、自分の能力の限界を超えてさらに伸ばしていくことができます。

徹夜できるほどの気力と体力を養うには、生活の中で少しずつ努力を積み重ねるしかありません。一朝一夕に身につくものではないのです。

## ①志を立てる

自分の生き方の姿勢、生きる態度を決めます。たとえば、「与えられた仕事は責任を持って最後までやる」と、人生における普遍的なテーマを心に誓うのです。

## ②一つひとつの仕事について具体的な達成目標を明確にし、やり切る習慣をつける

仕事を途中で放り出さないクセをつければ、徹夜でやらなければならない状況になっても、それを当然と受け止められるようになります。また、「やり切った」という事実は達成感をもたらし、働くことへの充実感、喜びを得ることができます。

## ③白砂糖の入った食品はできるだけ控える

ストレスに強い体質をつくるための最も重要なポイントは、白砂糖の入った飲食物を控えること。甘いものを摂取すると急速に血糖値が上がり、脳細胞にエネルギーが送られる一方で、精神の安定に重要な働きをするカルシウムが消費されてしまいます。お菓子や清涼飲料水を控えるだけでなく、日々の食事についても白砂糖の代わりに純黒糖や蜂蜜、みりんを少し使うようにしましょう。

これを続けていくと、舌が野菜本来の甘みを感じとれるようになり、お砂糖は不要になります。甘いものに疲労回復の効果があるのは間違いないので、そういう場合に

は多糖類である天然の麦芽糖やメープルシロップを使うのがおすすめです。

## 驚異の「アレクサンダー・テクニック」

頭の働きをよくする、頭の回転を速くするためには、「姿勢」が重要だということは、2章でも少し触れました。

武道や芸道、スポーツでも、優れたパフォーマンスには姿勢の美しさがあります。これらに**基本的な「型」**があるのも、美しく正しい姿勢がパフォーマンスを向上させることを先人たちがわかっていたからでしょう。

読書でも同じです。速読脳を使って読書をするときは、集中力が高まるだけでなく、身体が温まり疲れがほぐれます。東洋医学的にいうと、気の流れがよくなるためです。そして、このような**心身ともによい状態をつくるには、「姿勢」が大切になります。**

また医学的に見ると、脊椎からは内臓を支配する神経が伸びており、椎骨や椎間板にズレが生じると、痛みはなくとも、内臓は十分な機能を発揮できなくなります。日頃からよい姿勢を保つことは、健康維持につながるわけです。

では、健康を増進し、頭の働きを向上させ、本来の能力を発揮するには、どのような姿勢が理想的なのでしょうか。

これに答えをくれるのが、フレデリック・M・アレクサンダーが発見した**「アレクサンダー・テクニック」**と呼ばれる方法です。

アレクサンダーは俳優や暗誦家として舞台で活躍していたのですが、舞台途中で声がかすれて出なくなってしまうという問題を抱えていました。医者にかかっても原因も治療法もわからず、引退せざるを得なくなってしまいます。

しかし、必ず何かしら原因があるはずだと考えたアレクサンダーは、自分の身体の動きを徹底的に観察しました。苦節10年、ようやく彼は身体の使い方にある不自然なクセに気づき、そのクセを直すことで声のかすれを克服し、さらにそこからヒントを得て、身体の使い方、姿勢の取り方について、**「いかなる動きであれ動作であれ、な**

**にかをするときには、まず頭全体を身体から引き離すようにすっと持ち上げ、身体がその動きについていくようにする」**という原理を発見したのです。

「頭全体を身体から引き離すように」とは、背骨から引き離すような感覚で頭を持ち上げるということです。こうすると、内臓への圧迫がなくなって呼吸がラクになり、筋肉や関節の緊張もほぐれます。痛みは軽減し、精神的に余裕が生まれ、活力が生じるのです。

彼はその後の半生を、この「アレクサンダー・テクニック」の普及に捧げました。実際、これによって呼吸法が改善され楽器の演奏がスムーズに行なえるようになったり、背中や腰の痛みが軽減されたり、事故後のリハビリテーションが順調に進んだり、といった効果が実証されています。

そこで、「アレクサンダー・テクニック」を頭の回転をよくするために取り入れてみましょう。

①普段通りに、椅子に座り、立ち上がってみましょう。そうして、自分の身体がどのように動いているか、できれば鏡に映して見ながら確認します。
②次に、もう一度椅子に座り、「アレクサンダー・テクニック」に従って頭全体を身体から引き離すように意識しながら、身体を頭についていかせるような感覚で立ち上がります。こうすると、筋肉にムリな力をかけることなく、楽に、呼吸を乱さずに立ち上がることができます。

---

「アレクサンダー・テクニック」を、日常のすべての動作に応用しましょう。座るとき、歩くとき、振り向くとき、パソコンを打つとき、歯を磨くとき、食事するときなど、あらゆる場面においてです。ムダな動きがなくなり姿勢が美しくなるだけでなく、気がスムーズに流れて気持ちが落ち着き、頭もクリアになります（参考『アレクサンダー・テクニーク』W・バーロウ著／伊東博訳／誠信書房）。

## 鼻がつまっている人は頭が悪い!?

成人の脳の重さは約1・3キログラムで、体重の2～2・5パーセントほどといわれます。しかし、脳が消費する酸素量は全身で消費する量の20パーセントを占め、脳の活動に酸素が重要な役割を果たしていることがわかります。そして人は、呼吸によって脳に酸素を送ります。その第一段階として、まず外気を肺で吸い込まなくてはならないのですが、それを妨げる要因として意外に多いのが**「鼻づまり」**です。

花粉症やアレルギーのある人は、鼻づまりで頭がボーッとしてしまう経験があると思います。あなたの呼吸にはつまりがありませんか？　たとえば、右の鼻孔を人差し指で押さえて閉じ、左鼻孔だけで10回ほど呼吸してみましょう。もし人差し指を離したときの呼吸と大差なければ問題はありません。左鼻孔も同様に確認してください。

さて、呼吸にはもうひとつ重要な役割があります。それは、「脳の冷却」です。鼻孔から入った空気は、鼻道を通って体内に入ります。鼻道は複雑な形をしていて、上鼻道、中鼻道、下鼻道に分かれており、息を吸うと外気は主に脳に近いほうにある上鼻道を通ります。冷たい外気がここを通ることで、脳の下部を冷やす仕組みになっていると考えられます。

脳の下部には、身体の恒常性を維持する中枢ともいえる間脳があります。風邪をひいて鼻がつまったときに頭がボーッとするのは、この仕組みがうまく働かず脳の冷却が十分にできないのも原因のひとつなのです。逆に、朝の冷気を吸い込むと、頭がスッキリ冴えてくるように感じるのは、冷却作用がうまく働いているから。**鼻づまりもなく楽に呼吸ができるときは、間脳がよく働き、身体も頭の回転も調子がよくなります。**

**①牛乳、乳製品、食品添加物の摂取を減らす**

牛乳、乳製品、食品添加物はアレルギーの原因になります。これ以外にアレルゲンがあるという人も、体質を根本から改善するために、まずはこれらを摂取しないようにしましょう。この方法だけで、夜眠れないほどの鼻づまりが軽くなり、ぐっすり眠れるようになった人もいるのです。

### ②肉食を減らす

肉食、とくに哺乳類の肉を食べると、野菜食に比べて、粘度の高い分泌液が多くなる傾向があります。

### ③鼻道を洗浄する

アメリカは乳製品や肉類を食べる食生活が基本ですから、鼻づまりの問題を抱えている人も多いそうです。そのため多くの小学校では、生徒に鼻の洗浄法を教えます。最近では日本でも「鼻うがい」として専用器具が販売されていますが、自宅にあるもので簡単にできるので、鼻づまりに悩まされたら次のように鼻洗浄をしましょう。

---

①生理食塩水を、200〜300ミリリットル用意します。生理食塩水とは塩分濃度0・9パーセントの塩水です。ミネラルウォーター、または浄化した水を500ミリリットル入りのペットボトルに入れ、小さじ1杯分（約5グラム）の

塩を入れて溶かせばつくることができます。
②浅い容器を用意し、生理食塩水を入れます。清潔なものであれば、容器はお皿でもタッパーでもOK。ぬるま湯にすると洗浄時の刺激が少なくなります。
③鼻を生理食塩水に浸し、吸い上げます。指で片鼻を押さえたまま、生理食塩水に鼻を浸します。そのまま、ゆっくりと食塩水を吸い上げて、口の中まで吸い込み、容器の外に吐き出します。これを数回繰り返します。次に、反対の鼻孔を同様に洗浄します。洗浄後、鼻腔に食塩水が残ってしまったときは、頭をいろいろな角度に傾けて、出し切っておきましょう。

## あなたの身体は陽性？　陰性？

先にも述べたように、頭の回転を速くするには「気力」というエネルギーが不可欠です。ところが近年、どうも気力が出ないという人が増えています。どの会社でも、うつ病や出社拒否の社員を抱えているような状態です。そして、多くの場合、精神的な問題については薬やカウンセリングでの解決が試みられますが、実はもうひとつ方法があります。

それは、体質を変えることです。漢方では、**身体の問題を解決するには精神から、逆に精神の問題を解決するには身体から改善するのが基本**です。たとえば、出社拒否している人のほとんどは、出社したい、しなければという気持ちは十分にあります。しかし、心ではそう思っていても、身体がついてきてくれません。朝になると急に頭が痛くなったり、腹痛になったりする人もいます。だから、精神の問題は、身体から解決していくことが必要なのです。

気力が出ないと悩む人がいる一方で、そういう悩みとはまったく無縁の人もいます。常に明るく行動的ないわゆる「陽性」の人がそうです。気力が出ないのは「陰性」の体質から発生するものであり、陽性と陰性は男性と女性がそうであるように、体質的に違います。

**陽性の体質**は、顔は色黒で、体つきはがっしりとした筋肉質で引き締まっています。身体はいつも温かく、エネルギッシュに活動するタイプです。考えるよりもまず行動を起こし、夜より朝が得意です。

**陰性の体質**は、顔は色白で、身体はぽっちゃりとしてゆるみがちであり、よく冷えを感じます。また、疲れやだるさを感じやすいタイプでもあります。行動を起こす前にじっくり考え、何事も工夫しようとします。朝より夜が得意です。

比べてみると陰性ばかりが問題ありのように見えますが、陽性であってもいきすぎると病気になります。たとえば、陽性は食べ過ぎによって腸を疲れさせ、便秘になりがちです。

一方、陰性は腸の蠕動運動が鈍いことが原因で便秘になります。どちらの体質も偏りすぎないことが肝心で、中庸よりもやや陽性寄り、というくらいが生活していくにはよいバランスです。

あなたの体質は、陰陽どちらのタイプですか？　どちらかに偏りがちな人は、食事の工夫によって陰陽のバランスを改善することができます。陽性に偏りがちな人は陰性の食べ物を、陰性に偏りがちな人は陽性の食べ物を、多めに摂るようにするのです。たとえば、ひとつの野菜でも根は陽性、葉は陰性になります。塩のきいた料理は陽性であり、甘いものは陰性です。色彩の黒っぽいものは陽性で、白っぽいものは陰性です。つまり、白米よりも玄米のほうが陽性なわけです。

## 疲れない身体をつくる「知的食生活」

気力が出ないときというのは、疲れが溜まって肝臓や腎臓の機能が低下しているときです。あるいは、食生活の偏りで身体が陰性に大きく傾いているかもしれません。気力を取り戻すために、次の点に留意して食生活を変えてみましょう。

①主食は、五穀米など、雑穀を混ぜたものにする。玄米の場合は、圧力釜でやわ

らかく炊き、十分に噛んで食べる。
②副食は野菜、海藻、小魚を主にする。野菜は葉菜だけでなく、人参、ごぼう、大根、蓮根などの根菜も食べる。
③黒い食べ物、たとえばひじき、海苔、黒豆、小豆などをよく食べる。
④白砂糖の入った食品は、無気力を助長するので口にしない。また、果物を含めて、甘いものは控える。
⑤陽性の人は水を多めに飲み、陰性の人は水をあまり飲み過ぎないこと。
⑥腹八分目にして、決して食べ過ぎない。
⑦甘草、どくだみ、よもぎをベースにした薬草茶を飲む。

## 「社長の健康法」に学ぶ

仕事において責任のある立場であればあるほど、「気力」は絶対的に不可欠です。その筆頭は、もちろん経営者でしょう。ストレスに打ち勝ち、従業員を引っ張っていくには、並大抵の気力では足りません。松木康夫氏の著作『社長の健康法』（講談社）によると、経営者が実践している健康法としてよく挙げられるのが、**「朝風呂」**なのだそうです。

セキュリティサービスの大手であるセコム株式会社の創業者・飯田亮氏は、朝6時に起床してストレッチで筋を伸ばしたら、朝風呂に入ってひと汗流すのを日課にしているといいます。また、伊藤園の創業者である故・本庄正則氏は、朝、熱い風呂と水風呂に交互に2回入ることを、夏も冬も日課にしていたそうです。

そもそもお風呂に入るという習慣は、湿気の多い島国である日本に古くから伝えられてきた伝統的な健康法です。身体を温めることで末梢の血液循環がよくなり、全身の血行がよくなります。当然、身体の一部である脳の血行もよくなるのです。また、肝臓や腎臓は温められることで活性化し、それによって気力が湧いてきます。

身体を温めることが健康によいことは西洋医学においても知られており、身体を温めることでＨＳＰ（ヒート・ショック・プロテイン）が生産され、免疫力が向上することがわかっているのです。具体的にこのような効果が期待できます。

①免疫能力が上がり、生体防御作用が向上する。
②細菌を殺す力が強くなり、感染しにくくなる。
③血流がよくなって体温が上がり、代謝が活発になる。
④乳酸の産生が遅れ、運動能力が向上する。
⑤汗とともに、老廃物を排出でき、老化を遅らせる。
⑥脳内麻薬であるエンドルフィンがつくられ、痛みが緩和される。

最近は、特に若い人たちは、湯船につからず、シャワーだけで済ませる人が多いようです。

しかし、それでは身体を十分に温めることができません。一方、体温が低くなっている「朝」という時間帯に、お風呂で身体を温めることはとても効果的で、健康によいだけでなく、血行がよくなって頭をスッキリ目覚めさせることができます。朝からエネルギッシュに活動するために、飯田氏も本庄氏も朝風呂をうまく活用していたわけです。

朝に限らず、夜でも構いませんから、1日1回は必ずお風呂に入り、身体を温める習慣をつけましょう。

とくに寒い日は肩までお湯につかり、暖かい日は胸の辺りまでつかりましょう。それで、肝臓と腎臓を温めることができます。

冷えや便秘を解消するには、下半身やお腹の芯まで温めます。胸までお湯につかった状態で30分ぐらい入り、肩まで汗をかいてきたら、身体が十分温まったと考えていいでしょう。

もっとも、長湯しすぎて湯あたりしたら逆効果ですから、自分の体調と気温を考慮して調節してください。湯から上がったら水をかぶると、身体も心も引き締まり、気力が強化されます。

## なぜ頭がいい人は「歩く」のか？

朝風呂以外に、多くの成功者たちが実践している健康法は**「歩くこと」**です。1日1万歩を歩くのが基本、とよくいわれますが、これは平均的な人の歩行速度で計算すると、1時間20分ほどの時間を要します。仕事に追われている経営者たちは、わざわざウォーキングの時間を確保するのは難しいですから、自社の売り場をチェックしたり、ライバル会社の店舗を観察しに行ったり、精力的にお客様のところへ伺ったりしながら、ついでに歩くのです。

では、なぜ歩くことが健康によいのでしょうか。ふくらはぎは第二の心臓、とよくいわれます。筋肉は伸び縮みするたびに、血液を取り入れ、押し出します。つまり、筋肉を動かさなければこのポンプ作用が十分に働きません。仕事中、椅子に座りっぱなしだと足がむくんでしまうのもそのためです。逆に、歩くことでふくらはぎや腿の筋肉を動かせば、血液の流れが生まれて、全身の血行がよくなるのです。

また、足の裏にはたくさんの経穴（ツボ）があり、それぞれに内臓が対応していま す。たとえば「湧泉」というツボは、腎臓を中心とした機能に効くツボであり、土踏まずのやや上あたりで、足指を曲げると窪みができる部分にあります。東洋医学では、「先天の気（生命力）は腎に宿る」と考えており、歩いてここを刺激すると生命力が強化され、気力が充実する効果があるのです。

さらに、実際歩いてみるとよくわかりますが、考えごとで頭がいっぱいになっていたり、気持ちの整理がつかなくて頭が回らなかったりしているとき、外に出て少し歩いてみるだけで、落ち着きを取り戻すことができます。このように、意識的に歩く時間をつくるようにすると血行もよくなるし、ストレスも軽減できて、頭がスッキリします。まさに、日々の生活に気力を奪われている現代人にはもってこいの健康法なのです。

## ①1日1万歩を目標にする

万歩計を常に身につけておきましょう。最近では、歩数のデータをパソコンで管理できるタイプの商品もあり、体調管理にとても便利です。

**②毎日、連続して20分から30分間、歩く時間を確保する**

たとえば、通勤のとき会社の最寄り駅からひとつ前の駅で降りて歩くようにするのもうってつけの方法です。朝のラッシュにもまれる時間も短縮できて、一石二鳥です。

**③家族と一緒に歩く。あるいは、ペットの散歩をする**

家族サービスの一環として歩く時間をとることで、継続しやすくなります。

**④身体にゆがみをつくらないようにする**

歩くときは、姿勢にも意識を配りましょう。理想的なのは手ぶらで歩くことですが、通勤時に歩く場合は、リュックサックタイプのカバンを持ち、身体の左右一方に力が偏らないようにします。手持ちカバンの場合は、ときどき持つ手を替えましょう。

## 「身体のゆがみ」は「脳のゆがみ」

歩くことが健康にも頭脳にもよいのは確かですが、その場合「歩き方」にも十分に気を配らなければなりません。極端な例ですがハイヒールを履いて毎日30分歩いていたら、足を酷使し姿勢を悪くするだけで、身体も脳も元気にはなれません。
そもそも、私たちが歩くのはアスファルトやコンクリートの上であり、革靴やスニーカーなど靴を履いていて、手には荷物を持っていることがほとんどです。そういう状況の中で歩くことは、私たちの身体にゆがみをつくる原因にもなっています。

そして、身体がゆがみ、股関節や膝、足首の関節が左右でアンバランスな人は、その身体のクセがそのまま右脳と左脳の使い方のアンバランスさに直結しているのです。不思議なものですが、実際に股関節のズレを修正するだけで、ものの見え方がよくなった人を私は何人も見てきました。

**頭の回転をよくするためには、身体のゆがみを取り除く必要があります。**そのための正しい歩き方、また自分に合った靴の選び方を知っておくことが大切です。

### ①理想的な足圧中心の移動

歩くとき、足にかかる荷重（足圧）の中心は、かかとから足の外側を通り、小指、薬指へ移って、最後に親指の付け根から親指へ移動して、地面を離れるのが理想です。最初に地面に接するかかとの部分には、瞬発的に体重を載せることになるので、クッションの利いた厚底の靴は向いていません。底は薄めで、地面をグリップするような感覚で履ける靴を選ぶのがおすすめです。

### ②靴の選び方

新しい靴を選ぶときは、まず履いてみて2、3歩歩きましょう。次に、両足を肩幅に開いて立ち、両手を平行に伸ばして前から真上に上げます。次に、前屈の要領で、身体を前に倒します。これらの動作をするとき、足下がぐらついたり、やりにくさを感じたりしない靴を選びましょう。

### ③足の指が動く

足の指が靴で締めつけられると、外反拇趾になります。履いたとき指先が自由に動かせる空間のある足幅の靴を選びましょう。

私たちは毎日のように歩いているので、「たかが歩き方」と思いがちですが、歩行運動は股関節や膝、足首の関節、足指の関節など足全体はもちろん、全身の動きが関連する動作です。歩き方の悪いクセで関節を痛める場合もあります（参考『小山裕史のウォーキング革命』小山裕史／講談社）。

## やる気の出ない人は〝ここ〟をチェック

脳腸ホルモン、とは何か知っていますか。脳で活躍するセロトニンやドーパミン、アセチルコリン、アドレナリンなどの神経伝達物質がこう呼ばれています。

というのも、これらのホルモンは脳内だけでなく、腸管内でもつくられているのです。腸管内にいったん分泌され、それが再吸収されて血液を通して脳に送られ再利用されます。しかも、脳内での分泌量より、腸管内での分泌量のほうがはるかに多いといわれているのです。

また腸は、求心性自律神経によって大脳辺縁系につながっています。大脳辺縁系とは、記憶や情動に関係している脳の部分で、情動脳とも呼ばれます。いわゆる知的な意識活動は、大脳の表面に位置する新皮質が司っていますが、その活動を支える記憶や、やる気を司っているのは大脳辺縁系なのです。

**こうして見ると、腸の健康的な働きが、精神面でも、知的な意識活動の面でも、安定をもたらすことがよくわかるはず。つまり、腸そのものの疲れを癒し、機能を活性化させることが、頭の回転をよくすることにつながるのです。**

腸が疲れる一番の原因は、食べ過ぎること。現代は飽食の時代であり、ほとんどの人が腸の処理能力以上に食べてしまうから、腸が疲れてしまうのです。腸は1年

365日、休むことなく食物を消化吸収するため働いています。この事実に感謝して、休肝日ならぬ「休腸日」をつくりましょう。

**①半日断食をする**

前日の夕食を軽めにし、朝食と昼食を抜きます。その後の夕食は普通に食べてください。この半日断食なら、空腹で辛い思いをすることなく、すぐ実行できます。半日断食の間、お水は飲んで構いません。お茶は緑茶ではなく、ほうじ茶を飲みます。コーヒーは飲まないでください。

**②半日断食を、週に一度、定期的に実行する**

仕事の都合などを考慮して、無理なくできる日を選んでください。食事を2回抜くだけで体調がぐんとよくなるのを感じる人は多いはずです。さらによいことに、たった2回の食事を抜くだけで、自由に使える時間が増えることに気づくはずです。

## なぜ「食べ過ぎ」はよくないのか？

ある興味深い実験をした人がいます。健康維持のために摂取すべきエネルギー量として国が定めた基準は、成人男子が1日約2500キロカロリー、女子は2000キロカロリーです。しかし、この数値には多くの識者が疑問を呈しています。この他「毎日30品目の食品を摂取するのが理想」という考え方にも異論・反論が多々あるのです。

そこで、1日400～1500キロカロリーで1年間過ごし、その間の健康状態を医学的に調べるという実験をした人がいます。実験開始時63歳であった柴田年彦氏は、365日にわたる実験の記録をとり、その経過を自著『ほとんど食べずに生きる人』（三五館）にまとめて発表しました。

ほとんど食べない生活を始めて1カ月目は、立ちくらみやめまいなどの貧血症状とゲップが続き、2カ月目はそれらの症状に加えて、1日中、眠気が続きました。3カ月目には症状が変わり、声がかすれ、冷えや脱力感に襲われました。また身体面だけでなく、物忘れが多くなり、反射的な判断ができなくなります。

4カ月目は、左手の甲や尾てい骨部分の皮膚に湿疹が出たり、両足全体にかゆみ、両足かかとにあかぎれなどができましたが、2週間ほどで突然消えてしまいます。また、歯周病のような歯肉の痛みも感じられました。

5カ月目になると状況が変わります。寒くなると必ず出ていたかかとのあかぎれがなくなり、つるつるになりました。また、例年悩まされていたアレルギー性鼻炎の症状がまったく現われず、体質が改善されてきたのが感じられるようになったのです。

6カ月目になると、睡眠時間は4時間で十分になります。ひどかった物忘れも解消され、頭の回転が速くなり、直感が働くようになりました。肌のきめもこまかくなり、さらに精神的な充実感に満たされ、やる気が湧いてくるのを感じるようになります。

7カ月目になると、30年来の水虫が癒え、老人性乾皮症も治ってしまいます。階段や坂道を上るときに感じた右膝の痛みや腰痛もなくなり、頻尿も治りました。また、白髪が減り、髪の毛が全体的に黒くなるなど、身体全体が若返っているのを感じるようになったのです。

8カ月目に受けた健康診断では、まったく異常なしの結果。気分爽快で、31キロメートルの距離を6時間かけて歩いても、心身ともに爽快でした。

9カ月目には、歯周病が完治しました。また、水風呂に入るのが心地よくなるほど寒さに強くなります。

10カ月目、何を食べてもおいしいと感じるようになり、空腹を楽しめるようになりました。

体重は1年間で76・6キログラムから、57・1キログラムに減少しました。

歳をとると食が細くなる、といいます。その裏にあるのは、たくさん食べられるのは若くて健康な証拠、食べられないのは不健康という考え方です。しかし、この考え方が必ずしも的を射ていないということを、柴田氏の実験は証明しました。

実験中、ほとんど食べないような生活を続けていると身体を壊し、最悪死に至ると、専門家から何度も警告を受けたのだそうです。ところが、1年後には真逆の結果が出ました。

この貴重な実験結果を参考に、今までの食事量を見直してみてはどうでしょうか。国の定める基準を、あまり鵜呑みにしないこと。**大切なことは、脳を含むあなた自身の身体感覚によって、どれくらいの食事量が自分に適しているのか、自分で見極めることです。**もっとも、すぐに答えがわかる問題ではありません。気長に試行錯誤を繰り返し、長期にわたる身体の変化を観察しながら、自分なりの基準をつくりましょう。

## 体力と知力をつける「究極の方法」

**腸を休ませること。**
**食事の量を少なめにすること。**

## 頭脳を活性化させるためには、これらの実践が不可欠です。

そして、この2つのポイントを同時に満たしてくれる方法があります。

それは**「坐禅断食」**です。坐禅断食とは、チベットでの修行を経た野口法蔵師が、少食断食療法での治療を行なっていた故・甲田光雄医師の指導のもとで開発した心身の改造法です。坐禅をするには、食を断ち頭をクリアにするのが効果的であり、またそれによって得られる心の安定は断食に役立ちます。そこで「坐禅」と「断食」を並行して行なうことで、相乗効果が得られるのです。これを利用しながら、腸に溜め込んでいる宿便を、独自の方法で合理的に排泄するのが、野口式坐禅断食なのです。

宿便とは、甲田医師によれば「食べ過ぎによって腸管内に渋滞している排泄内容物」であり、腸に不活性をもたらす元凶です。これを排泄するのはなかなか難しいといわれてきました。

断食で排泄はできますが、断食期間に1週間が必要で、その他に断食前の減食期間と、断食後の復食期間を合わせて、トータルで少なくとも3週間は必要になります。

仕事をしながら断食を同時進行するというわけにはいかないので、たいていの人には実践する時間を確保するのが難しいのです。

その点、坐禅断食では断食期間は3日間だけ。3日目の終了時に、大根汁に梅干しを入れた梅湯を飲み、野菜を食べて、腸の中を洗い流します。これだけで宿便を排泄できるのです。一般的には3日間の坐禅断食を3回繰り返すことで、宿便を出し切ることができるとされています。これは個人差があり、私が出し切ったと感じたのは7回目でした。

**宿便を出し切ると、体質が大きく変わります。もちろん、頭の回転も速くなります。**心身ともに軽くなり、睡眠時間が自然に短くなって、疲れにくくなります。先に紹介した柴田氏の少食記録にも通じるところがあります。

実際に坐禅断食を行なったことでわかったのは、古くから宗教的修行に断食が取り入れられてきたことの意味です。頭脳が明晰になるので、極限までの集中力が求められる修行には不可欠であったのだと納得できました。

**飽食に慣れてしまった現代人は、本来持っていたはずの頭脳の明晰さと気力を失いつつあります。それらを取り戻す最も確実な方法が、この坐禅断食ではないかと思うのです。**

この坐禅断食を実行する場合、最初はぜひ専門家の指導のもとで行なうことをおすすめします。というのも、食を断つという行為に対して、身体が激しい反応を示すことが少なくないからです。その反応を正しく判断し、適切に対応するためには、専門家の助言が不可欠です。

独自に行なう場合、もっとも注意すべきはリバウンドです。断食後にドカ食いするようでは元も子もありません。指導者のもとで行なう坐禅断食会ではアフターケアにも配慮されていますから、安心して参加できます。私が主催している「おもいかね坐禅断食会」のほか、「野口式坐禅断食の会」は全国各地で開催されておりますので、興味を持たれた方はぜひ一度ご参加ください。

## 脳が喜ぶ「LSD走法」

集中力を発揮し、頭を高速で回転させるには、体力が必要です。私の提唱する「**速読脳開発プログラム**」は、すべての文字を順に追っていく速読法ですが、最終的には1ページを1秒の速度で読むことを目的としています。つまり、並大抵の集中力ではありません。

そして、このレベルの集中力を身につけるには、それに見合う体力が不可欠です。トレーニングを進めていくうちに速度が伸びなくなる受講生には、体力のなさがその原因である人も多く、水泳やスポーツなど運動をして身体を鍛えるように教えます。

体力をつける方法は、いろいろとあります。ジョギングやウォーキングもそれなりの効果はありますが、ここでは体力を改善し、頭脳を開発する「LSD」というトレーニング法を紹介しましょう。

ＬＳＤはマラソンのトレーニング方法で、ＮＥＣホームエレクトロニクスの元陸上部監督・佐々木功氏が考案されました。ＬＳＤは「Ｌｏｎｇ（長時間）、Ｓｌｏｗ（ゆっくり）、Ｄｉｓｔａｎｃｅ（長距離）」の頭文字をとった造語で、その名の通り長い時間、ゆっくりと長距離を走るトレーニングです。

佐々木氏は、無名だった浅井えり子選手をわずか4年余りで国内歴代2位（当時）の記録を出すランナーに育て上げました。彼女の能力を開花させた基礎トレーニングが、このＬＳＤだったのです。

ＬＳＤがとても有効なのは、身体の毛細血管を開く効果があるからです。ゆっくり長い時間走ることで、身体が無理なく温まり、末梢の毛細血管まで開いて、疲労物質が汗として排出されます。走るときに使う筋肉だけでなく全身の筋肉がほぐれます。また、そのリズミカルな刺激は脳にも及び、ランニング・ハイの状態がたびたび訪れると浅井選手は語っています。**ＬＳＤは頭脳にもよいトレーニング**なのです。

マラソンは、女子であれば2時間半以上走りながら自分を観察し続け、セルフコントロールし続けなければならない競技です。同時に、他の選手との駆け引きも勝敗を分けます。大変な集中力を必要とするのです。ですから、基礎トレーニングは単に体力の開発に留まらず、集中力の開発に及ぶものでなければなりません。LSDは、その目的にぴったりのトレーニングなのです。

いかに効果的なトレーニング法といえども、正確にやってこそ、その効果が期待できます。LSDで最もやってはいけないのは、つい速く走ってしまうことです。

基本速度は、浅井選手のような一流ランナーであっても、**時速7〜8キロメートル**ほど。今までほとんど運動をしてこなかった人が始めるのであれば、もっと遅いほうがいいでしょう。目安としては、誰かと話しながら走ったとしても、息が乱れないくらいの速度です。この点だけしっかり守れば、必ず効果を実感できます。

# 5章

# 人生がもっと有利になる「速読脳」のつくり方

## ――脳が生まれ変わる本の読み方、生かし方

## 頭がよくなる「画期的な速読法」

この本の原稿を執筆中、ＴＶ番組の取材で、アナウンサーと速読の達人Ｔさんが読書のスピードを競うことになりました。２人同時に本を読みはじめ、数分経ったころ、Ｔさんは目を真っ赤にして大粒の涙を流し始めたのです。そうして２００ページの本を15分で読み終えました。

実は、ここ1、2年は速読教室に来ていなかったＴさんは、1冊3分で読んでいた最盛期と比較するとかなり遅いスピードだったのですが、アナウンサーと比べれば雲泥の差です。と同時に、ＴＶ番組の取材班は、速読なのに涙を流すほど感動しながら読んでいることに、とても驚いていました。

一般的に速読というと、「拾い読みや斜め読みをしながら、できるだけ正確に内容を把握するテクニック」であると思われている節があります。また、そういう読み方でも、定型的な社内文書や資料を読む場合には、それなりに使えるのです。

しかし、私が提唱する**「速読脳開発プログラム」**はそれとは一線を画します。**文字を順に追っていく従来の読書と同じ読み方をしながら、1分間に1万字（約20ページ）以上読むことができる画期的な読書能力の開発法なのです。**

この速読法が世に登場したのは最近のことです。開発者はソウル大学校の師範大学付属教育研究所で、当時専任講師をしていたパク・ファーヨップ（朴鏵燁）先生。最初の実験授業が行なわれたのは、1979年のことでした。ところが、この効果があまりにすごかったため、韓国ではたちまち形だけを真似たニセの速読法が出回りました。その結果、この画期的な速読法が正しく広く理解されなかったのは大変残念なことです。

私は1985年に朴先生を日本に招聘し、セミナーを開催しました。今、私が指導している「速読脳開発プログラム」は、朴先生の創案した原理に基づいて、私が発展させたものなのです。

読書には、一部分だけ読んで、必要な情報を取り出しさえすればよい読書と、すべてを読んで内容を味わう読書があります。私は前者を「情報読み」、後者を「鑑賞読み」と呼んでいます。従来の速読は、「情報読み」にだけ適用できるテクニックでした。しかし、**「速読脳開発プログラム」は「鑑賞読み」での速読も可能にした**のです。

この2種類の違いは、単なる読み方の違いではありません。情報読みの速読法は、今すぐ使えるテクニックですが、新たに読書能力を開発するものではありません。すでにある情報処理能力の範囲で、情報を拾って理解するものです。

一方、後者の速読法は、すべての文字、文章を順に目で追っていきます。したがって、普通の人の10倍の速度で読むときは、脳の情報処理速度は10倍になっていることになります。

**情報処理速度が速いということは、脳神経の伝達速度が速い**ということ。つまり、より速く理解できるようにもなるわけです。結果的に、**鑑賞読みの速読能力を開発することは、頭の回転を速くすることそのものだ**といえます。

## 1ページを3秒で読む!

仮に、普通の人の平均速度の2倍の速さで本を読んだとします。1冊の本を読むのにかかる時間は半分になるのですから、大変なことです。一方で、読書速度が2倍になったとき、その人が「頭脳が開発された」と実感するかというと、早く読み終えたという事実は理解しても、実感はあまりないのです。

**日本人の平均的な読書速度は、500〜700字/分**といわれます。しかし、アナウンサーや声優が早口で原稿を読むときには、2000字/分に近い速度で読むことができます。そして、私たちはその速度で読まれた言葉を聞いて、理解することができる能力をすでに持っているのです。つまり、通常の2倍の速さどころか、2000字/分程度までなら、脳の情報処理速度をさらに開発する必要はありません。

**「速読脳開発プログラム」を学んだ人は、だいたい1万字/分以上の速度で読めるよ**

**うになったとき、「頭脳が開発された」と感じます。具体的にどのくらいのスピードかというと、文字があまりすき間なく詰まっていて1ページに500文字程度ですから、その1ページを3秒で読む速さです。**

このレベルの速読脳を身につけたとき、脳にはどんな変化が起きているでしょう？左ページの図は、普通の人が読書しているときと、およそ1万字／分のスピードで読書する人の眼球の動きを測定した結果です。縦軸が眼球の上下動の幅、横軸が時間の経過を表わしています。

この図から、1万字／分で読んでいる人の眼球の上下動は、ごく小さいことがわかります。「速読脳」を開発すると、この小さな動きで、行を上から下まではっきりと読み取れるほど、認知視野が拡大します。

認知視野の中にある文字や数字は、読み取って知的活動に使うことができます。視野はそのまま後頭部の視覚野に投影しており、認知視野が広いということは、脳の使える範囲が広がっているということになります。

## 「速読脳」を開発した人の目の動き

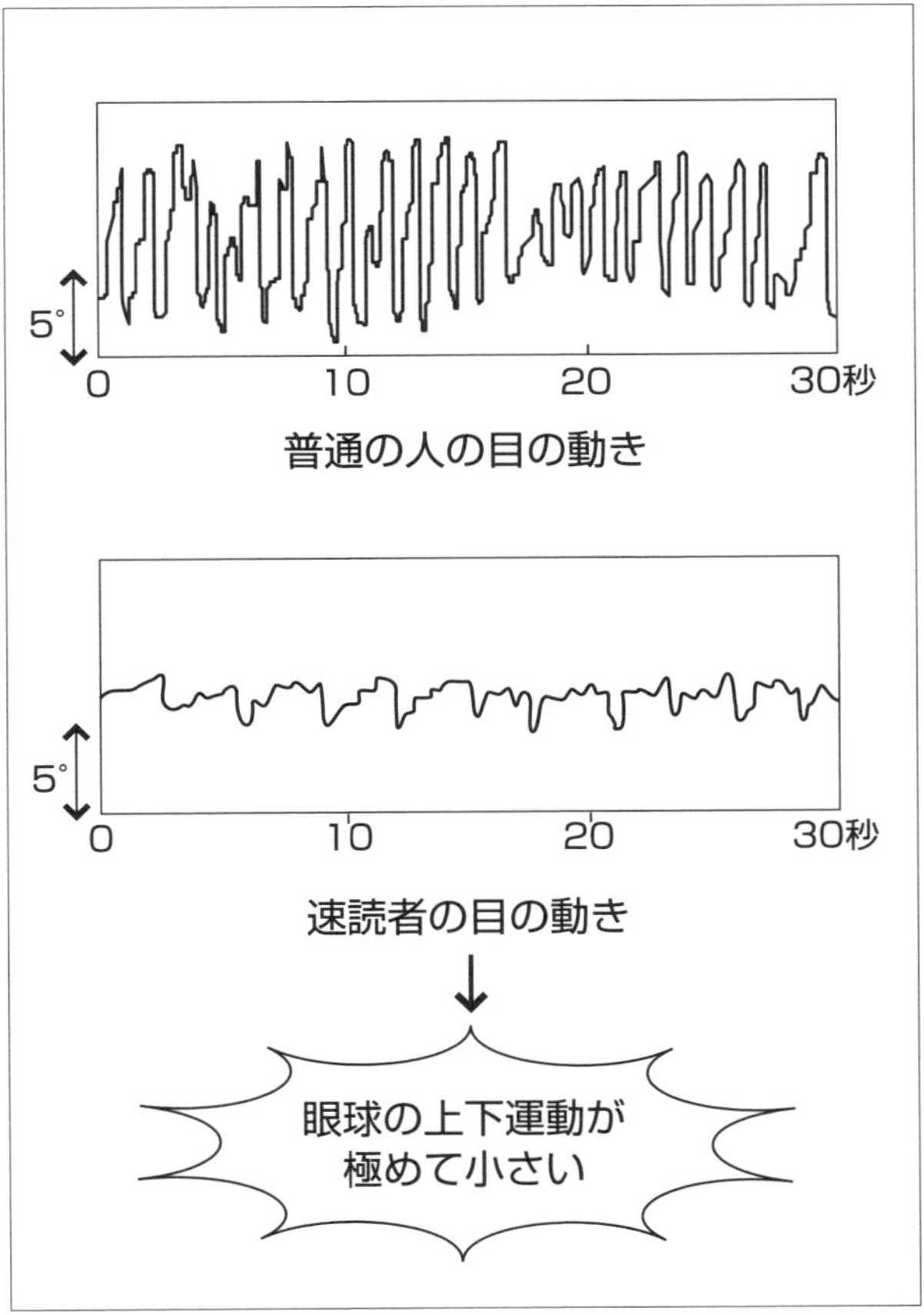

次に、脳の活動を脳波から調べた結果を示しましょう。左ページの図は、それぞれ普通に読んでいるときと、速読しているときの脳の活動を「脳波トポグラフ」で示したものです。この図は頭を真上から映した状態で、図の上側が鼻側、左半円が左脳、右半円が右脳の活動を示しています。色が濃いほど、活動が活発な部分です。

2つを比べると、普通に読んでいるときには左脳が活性化しているのに対し、速読しているときは、左脳の活性化がなくなっています。色の薄い部分はウェルニッケ野という言葉の音韻処理に関係する言語野で、速読時には心の中で文字を音声化せずに読んでいることがわかります。

一方、右脳はというと、速読しているときは普通に読むときより、後頭部が活性化しているのがわかります。この部位はイメージを司る中枢です。

普段あまり意識していませんが、文字を読むときたいていの人は、目で追っている文字を、頭の中で音に出しながら読んでいます。ところが、実験結果からわかる通り、

# 速読者と非速読者の脳波トポグラフ

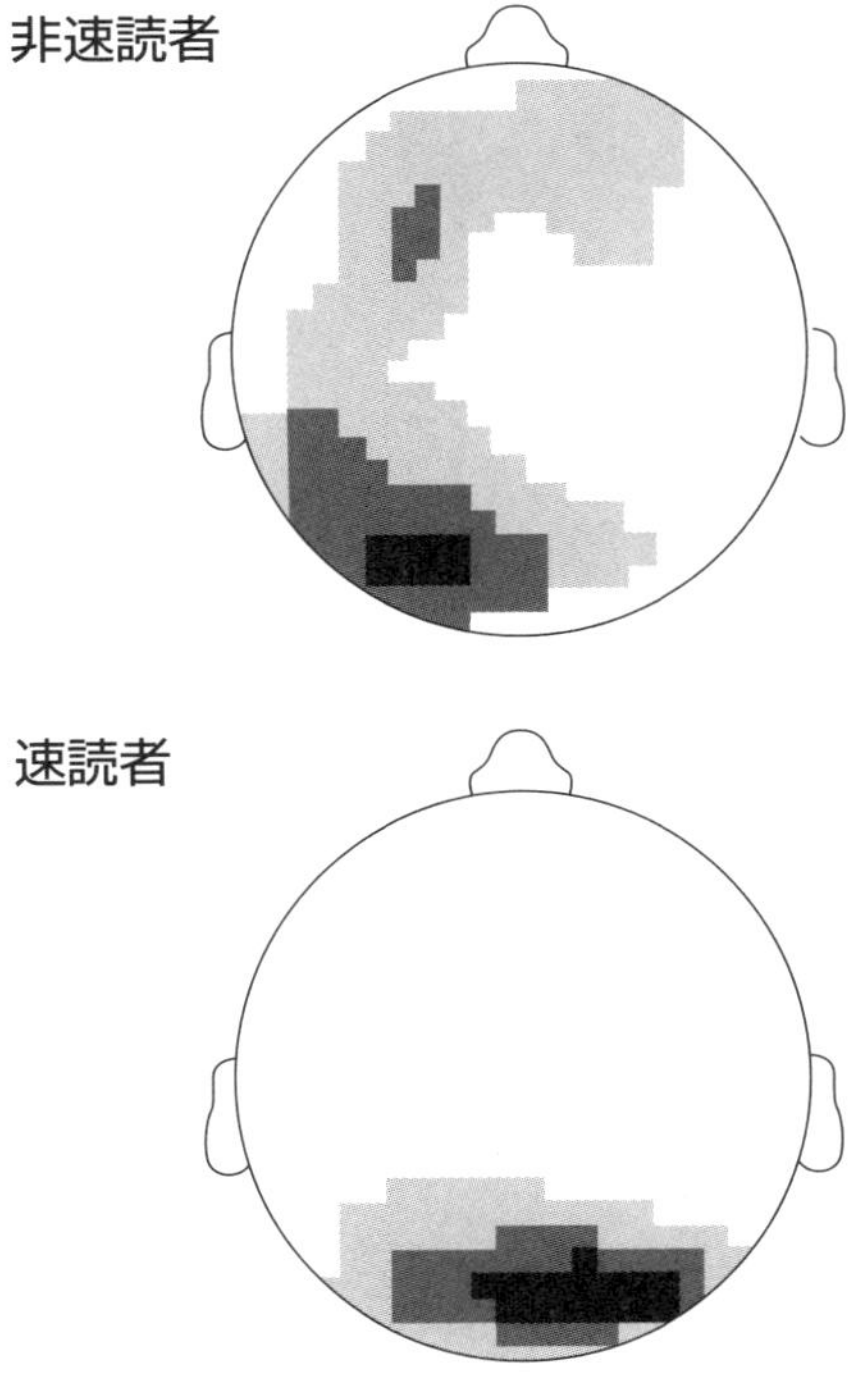


速読者は右脳も使って本を読んでいる

「速読脳」は音声化しない代わりに、内容をイメージすることで理解しているのです。これは、従来の読書とはまったく異なる読み方であり、「速読脳」を開発することで、新しい情報処理回路が形成されていることを表わしています。この事実こそ、「速読脳開発プログラム」によって、頭の回転が速くなる理由なのです。

## 知識を頭に大量に詰め込む本の読み方

**「速読脳」を開発すると、思考力が飛躍的にアップします。**なぜかというと、思考力の基礎である集中力や持続力が向上することも大きな理由ですが、それ以上に「速読力」そのものに理由があります。もちろん、ここでいう速読力とは、鑑賞読みの速読力を指しています。

そもそも思考とは、何もないところから新しい概念やアイデアを創造するものではありません。思考して得られる概念やアイデアのほとんどは、たいていすでに他の誰かによって説かれています。

ということは、書物を読んで理解し、そこに書かれた誰かの思考を「記憶の倉庫」という名の潜在意識に蓄えれば、それはあなたが思考したのと同じこと。また、思考して新しい概念やアイデアをつくり出す作業は、潜在意識に蓄えられた情報を材料にして行なう作業です。

つまり、思考力を決定づけるのは、その人が潜在意識にどれだけ多くの概念やアイデアを蓄えているかなのです。この場合、情報読みで本の中から単語やフレーズを一部分だけ読み、断片的な情報として蓄えた記憶は、あまり役に立ちません。鑑賞読みして、**1冊の本を最初から最後まで読んでこそ、そこに盛り込まれたたくさんの概念やアイデアが潜在意識に蓄えられます。**

また、**「速読脳」を開発すれば、一般的な厚さの本なら1冊10分で読むことも難しくありません。**これは単純に計算すると、**1時間で6回も繰り返し本が読める**ということ。1回で読むのをやめるか、6回繰り返し読むかによって、内容の記憶に大きな差が出ることはいうまでもありません。

記憶を保持するには、反復して覚えることが何より重要なのは、すでに説明した通り。超短時間で1冊の本を繰り返し読むことのできる「速読脳」が、それにうってつけなのはいうまでもありません。

## 右脳が目覚めている人、眠っている人

いかにも優秀なビジネスマン、というタイプの人がいます。それなりに学歴もあり、名のある会社に勤めていて、結果も出しているようなタイプです。こういう人はたいてい「左脳タイプ」――つまり、主に左脳を使って仕事をします。

というのも、日本の学校教育は、論理的思考の育成や、言語処理などに力点が置かれているため、その中で優秀と認められてきた人たちが左脳タイプなのは当然の成り行きでしょう。

一方で、世間に広く名前が知られるほど**優れた経営者などは、左脳だけでなく、右脳をよく使っています。**集中力・持続力が並外れていて、さらに優れた直感力も持っている。これらはすべて、右脳と密接に関係している能力です。

前にも述べたように、**右脳の情報処理速度や記憶容量は、左脳の10万倍**といわれています。多くの能力開発法が右脳開発に重点を置いているのも、ここに理由があります。それだけの力を持つ右脳を、仕事をしている間、眠らせておくことはありません。

「速読脳」が開発されると、読書時に右脳が活動を始めるのは、前に述べた通りです。また、速読脳が開発される前段階の、高速で文字を読み取ることができる「速読眼」を身につけた人の脳波を調べたところ、前頭葉正中部の活発化が測定されました。

前頭葉は、意欲や集中力を司る脳の部位。つまり、速読眼を手に入れることで、人の集中力が大きく変化することを裏づけたのです。**頭の回転を速くする決め手は、右脳にある。**そして、「速読脳開発プログラム」はその右脳を活性化させる作用を持っているわけです。

## あなたも、もっと速く本が読める！

鑑賞読みの速読には、次の3つの段階があります。

**①2500字／分程度まで　②2500～1万字／分まで　③1万字／分以上**

平均的な読書速度は500～700字／分ですから、一般的には、1000字／分を超えたら速いほうです。

しかし、人がすでに持っている理解の速度は2000字／分程度であり、眼球運動を滑らかにしたり、集中力を強化したりすると、その理解速度で読めるようになります。それが①の段階です。人によっては、数分のトレーニングだけで、この速度を体験できます。ところが、1文字も飛ばさずに読みながら2500字／分を超えようとすると、目がついていけません。そこで、文字を高速で追っていく目を鍛えるトレーニングが必要になります。

それによって達成されるのが②の段階です。四六時中、本を読んでいるという人は、読書そのものが文字を追うトレーニングになっています。だからといって、自力で②の段階を突破するのは至難のワザ。

③の段階は、「速読脳開発プログラム」によって「速読脳」を開発したときに発揮される読書速度です。ステップバイステップで、ひとつずつ段階を追いながらトレーニングし続けて、初めてそこに到達できます。

しかし、トレーニング方法がわかったとしても、眼球がどう動いているのか、あるいはそのやり方が正しいのかは、プロでなければ判断がつきません。間違ったクセをつけてしまうことも多いので、この速度の読書能力を身につけたい場合には、教室で手ほどきを受けることをおすすめします。

ここでは、1人でもできる「速読脳」開発のトレーニング方法を3つ挙げておきましょう。

## ①たくさん読む

当たり前ですが、とにかくたくさん読むことが、読書力向上のカギです。また、語彙力や理解力を身につけるためには、ときにはゆっくり読むことも必要です。携帯電話やパソコンばかりに向かっていては、視野が狭くなる可能性もあります。本、雑誌、新聞など、紙に印刷された活字を読みましょう。一定の量の文章を読むことを日課にすると、読書速度の変化も実感できます。

## ②読み終える目標時間を設定する

読書力を向上させるためには、集中して読むことが必要です。読み終える目標時間を設定して読むことで、集中することができます。目標時間の目安は、これまでかかっていた時間の2割短い時間です。その速度になれたら、また2割短縮することを目標にしてください。ただし、焦ると逆効果になります。落ち着いて読むことが大切です。

## ③漢字読みで一段上の速度を身につける

読書速度が遅い原因のひとつは、文字を次から次へと追うことができないためです。これを改善するだけで、かなり読書スピードが上がります。

トレーニング法はとても簡単。本を開いて、文章を見ながら、漢字だけを次から次に追っていくのです。練習と割り切って、最初は内容を理解しようとしないでください。はじめは漢字だけに焦点を当てるのが難しく感じられますが、何度も繰り返しているうちに慣れてきて、楽に素早く追えるようになるはず。

さらに慣れてくると、漢字と漢字の間のひらがなやカタカナも、自然と目に入ってきて読めるようになり、結果的に読む速度がスピードアップするのです。

速読法に関しては、鑑賞読みだけでなく、情報読みの速読テクニックも含めて、『1冊10分」で読める速読術』（三笠書房《知的生きかた文庫》）に詳述しましたので、ぜひご参照ください。

（了）

本書は、本文庫のために書き下ろされたものです。

佐々木豊文（ささき・とよふみ）
　1950年生まれ。東京工業大学・同大学院修士課程修了後、同大学助手。工学博士。
　1984年、独自の「速読脳開発プログラム」を確立し、東京、大阪に教室を開校する。1987年から日本医大の品川嘉也教授と共に速読者の脳活動の研究を始め、以来、情報通信研究機構、東京大学などと共同研究を進めている。その成果はNHKのほか、多くのマスコミに取り上げられ、東京工業大学、筑波大学、国立教育政策研究所などでの学術講演や、キヤノンや三菱重工業などでの研修にも採用されている。また、シルバ・メソッド講師（1981〜）、野口式坐禅断食会主宰（2008〜）も務め、脳科学や心理学だけでなく、心・身・脳の開発教育の確立を目指している。
　著書に、ベストセラーとなった『「1冊10分」で読める速読術』（三笠書房《知的生きかた文庫》）のほか、『絶妙な「集中力」をつける技術』、『頭がよくなる超読書法』、『速読の科学』など多数がある。

知的生きかた文庫

頭《あたま》の回転《かいてん》が速《はや》くなるすごい！法《ほう》

著　者　佐《さ》々《さ》木《き》豊文《とよふみ》
発行者　押鐘太陽
発行所　株式会社三笠書房
〒一〇二―〇〇七二　東京都千代田区飯田橋三―三―一
電話〇三―五二二六―五七三四〈営業部〉
　　〇三―五二二六―五七三一〈編集部〉
http://www.mikasashobo.co.jp
印刷　誠宏印刷
製本　若林製本工場

ISBN978-4-8379-7964-7 C0130

# 「知的生きかた文庫」の刊行にあたって

「人生、いかに生きるか」は、われわれにとって永遠の命題である。自分を大切にし、人間らしく生きよう、生きがいのある一生をおくろうとする者が、必ず心をくだく問題である。

小社はこれまで、古今東西の人生哲学の名著を数多く発掘、出版し、幸いにして好評を博してきた。創立以来五十余年の星霜を重ねることができたのも、一に読者の私どもへの厚い支援のたまものである。

このような無量の声援に対し、いよいよ出版人としての責務と使命を痛感し、さらに多くの読者の要望と期待にこたえられるよう、ここに「知的生きかた文庫」の発刊を決意するに至った。

わが国は自由主義国第二位の大国となり、経済の繁栄を謳歌する一方で、生活・文化は安易に流れる風潮にある。いま、個人の生きかた、生きかたの質が鋭く問われ、また真の生涯教育が大きく叫ばれるゆえんである。

そしてまさに、良識ある読者に励まされて生まれた「知的生きかた文庫」こそ、この時代の要求を全うできるものと自負する。

本文庫は、読者の教養・知的成長に資するとともに、ビジネスや日常生活の現場で自己実現できるよう、手助けするものである。そして、そのためのゆたかな情報と資料を提供し、読者とともに考え、現在から未来を生きる勇気・自信を培おうとするものである。また、日々の暮らしに添える一服の清涼剤として、読書本来の楽しみを充分に味わっていただけるものも用意した。

良心的な企画・編集を第一に、本文庫を読者とともにあたたかく、また厳しく育ててゆきたいと思う。そして、これからを真剣に生きる人々の心の殿堂として発展、大成することを期したい。

一九八四年十月一日

押鐘冨士雄

知的生きかた文庫

## 疲れない体をつくる免疫力
安保徹

免疫学の世界的権威・安保徹先生が、「疲れない体」をつくる生活習慣をわかりやすく解説。ちょっとした工夫で、免疫力が高まり、「病気にならない体」が手に入る！

## 40代からの「太らない体」のつくり方
満尾正

「ポッコリお腹」の解消には激しい運動も厳しい食事制限も不要です！ 若返りホルモン「DHEA」の分泌が盛んになれば誰でも「脂肪が燃えやすい体」に。その方法を一挙公開！

## 女40代からの「ずっと若い体」のつくり方
満尾正

「基礎代謝力」「ホルモン力」「免疫力」。ちょっとした習慣でこの三つの力を高めれば年齢なんて怖くない。あなたの中の「若返りの仕組み」が目覚める本！

## なぜ「粗食」が体にいいのか
帯津良一
幕内秀夫

なぜサラダは体に悪い？――野菜でなくドレッシングを食べているからです。おいしい＋簡単な「粗食」が、あなたを確実に健康にします！

## 子どもにこれを食べさせてはいけない
郡司和夫

子どもをすこやかに、強く育てるための重要知識を紹介！ 子どもの健康を守る「選び方」「食べさせ方」は？ すべての親の「強い味方」となる一冊！

C50161

知的生きかた文庫

## 時間を忘れるほど面白い雑学の本

竹内 均【編】

1分で頭と心に「知的な興奮」！身近に使う言葉や、何気なく見ているものの面白い裏側を紹介。毎日がもっと楽しくなるネタが満載の一冊です！

## 頭のいい説明「すぐできる」コツ

鶴野充茂

「大きな情報→小さな情報の順で説明する」「事実＋意見を基本形にする」など、仕事で確実に迅速に「人を動かす話し方」を多数紹介。ビジネスマン必読の1冊！

## 「1冊10分」で読める速読術

佐々木豊文

音声化しないで1行を1秒で読む、瞬時に行末と次の行頭を読む、漢字とカタカナだけを高速で追う……あなたの常識を引っ繰り返す本の読み方・生かし方！

## もの忘れを90％防ぐ法

米山公啓

「どうも思い出せない」……そんなときに本書が効きます。もの忘れのカラクリから、生活習慣による防止法まで。簡単にできる「頭」の長寿法！

## たった3秒のパソコン術

中山真敬

「どうして君はそんなに仕事が速いの？」――その答えは本書にあった！　これまでダラダラやっていた作業を「たった3秒ですませる法」をすべて紹介。

C50162